10代の心理をサポートする
ワークブック③

インスタントヘルプ！

10代のための

ジェンダー・

The Gender Quest Workbook
an instant help book for teens

クエスト

トレーニング

性のアイデンティティ、その悩み・不安から心と体をヘルプするワーク

ライラン・ジェイ・テスタ　デボラ・クールハート　ジェイミー・ペタ 著

渡辺大輔 監修　上田勢子 訳

合同出版

この本をジェンダーを探求するすべての人に捧げます。
あなたの勇気、創造力、視点によって、世界のジェンダー観が変わり、
トランスジェンダーやジェンダー・エクスパンシブ（日本で言うところのXジェンダー）の
若者のための将来の道が切り開かれるのです。

パロアルト大学の The Center for LGBTQ Evidence-Based Applied Research （LGBTQ エビデンスに
基づいた応用リサーチセンター）、
Gender Spectrum's Youth Council （ジェンダー・スペクトラム・ユース委員会）、
ジェニファー・オースワイン博士・弁護士、
コルトン・キオ＝マイヤー博士、シェイン・ヒル博士に感謝いたします。

貴重なメンターになってくれたピーター・ゴールドブルム博士に心より感謝いたします。
また、いつも私を励まし、サポートしてくれるすばらしい家族と友人たち、
とくに、無償の愛を与え続け、すばらしいお手本になってくれた
両親2人に感謝の気持ちを込めて。
ライラン・ジェイ・テスタより

私の大切なジェシーへ。
そして、私を支えてくれたシラキュース大学の
「結婚と家族セラピー・プログラム」の職員とスタッフへ。
また、ジェンダーを広げ、問いかけ、ジェンダー移行した患者さんたちと
出会えたことを光栄に思っています。
彼らは私に勇気と、世界を創造的な目で見ることの大切さを教えてくれました。
デボラ・クールハートより

キンバリー・バルサム博士、家族のニコライ、デニックス、フェリックス、
そして両親に感謝しています。
みんなのゆるぎないサポートと指導と励ましは、私にとってすべてです。
ジェイミー・ペタより

10代のみなさんへ

　私の最初のジェンダーについての記憶は、3歳ぐらいのときに、はじめて自分にしっくりくるジェンダーを感じたときのことでした。

　そのとき、私はプールサイドの熱いコンクリートの上に裸足で立っていました。父と兄は、プールの澄み切った青い水に今にも飛び込もうとしていました。シャツを脱いだ彼らが身につけていたのは、小さな海水パンツだけでした。父と兄の体が水しぶきをあげて水中に消えたとき、私はセパレートの水着のトップを脱ぎ捨てました。私は「海水パンツをはくべきだ、だって父や兄と同じなのだから」と確信しました。

　そのころは、まだ女の子と男の子の体のちがいなどは知りませんでしたが、私の「スーパーマン」のコレクションは増える一方でした。スーパーマンのアクションフィギュア、カップ、ビーチタオル、凧、ぬり絵……。

　でも次第に、自分はほかの男の子とはどこかちがうと気づきはじめました。私の体は女の子の体で、その体のせいで、自分の意思に反したことをするように周囲から求められていました。

　10代になると外の世界から受けるメッセージと、自分の中のメッセージに大きな混乱をきたすようになりました。"自分のジェンダーが間違っている"と感じて戸惑っていただけでなく、"だれに魅力を感じるのか"ということで、とても困惑していたのです。

　私は、男の子が好きでデートもしましたが、同時にどんどん女の子に惹きつけられるようになっていきました。孤独でこわくて、だれにもそんな気持ちを話すまいと決めました。そして、自分の中に閉じ込もることで、ますます家族や友だちに対して疎外感をもつようになったのです。

　少しずつ自分の気持ちを開いてジェンダーを探求しはじめたのは、大学生のころでした。男子としての自分の気持ちを少しずつ日記に書きはじめて、スケッチブックに男の子としての自画像も描くようになりました。25歳のときには、「トランスジェンダー」の本を見つけて、この言葉が私自身のことだと感じました。それまでは、こっそりと考えたり描いたりしていたことを、セラピストや友人へ伝え、女性から男性へ、移行への道を歩みはじめたのです。

　もっと若いころにジェンダーについて考える機会があったら、私の人生は変わっていたかもしれないと思うこともあります。

　今、この本を手にしているあなたには、その機会があるのです。「ジェンダークエスト」とは、自分のジェンダーを探求することです。ジェンダー探しの旅へようこそ。

なにが、あなたをあなたという人間にしているのかがわかるためには、たくさんのことを探求しなくてはなりません。ジェンダーだけではなく、性格や興味など自分をつくっているものはどういうことなのか、考えていきましょう。

　このワークブックは、あなたが自分の内側から外側まで、すべてを探求するものです。なにもわからない状態で読みはじめてもいいし、読み終わるまでにすべてを理解する必要もありません。好きなところだけくり返して読んでもいいのです。

　私がトランスジェンダーの男性として、そしてジェンダーについての専門的講演者としていえることは、「自分を１つの決まりきった箱に押し込める必要はない」ということです。大人でさえも、自分のジェンダーやアイデンティティを模索し続けているのですから。

　ワークブックの中には、少しこわいと思うワークがあるかもしれません。あなたの発見が、家族や友だちや先生が考えているあなたの像とちがっていると、混乱したりこわくなったりすることもあるでしょう。ほかにも、怒りや挫折や悲しみといった感情が起きることもあるでしょう。こうした自分の感情から逃げ出したり、感情に打ち負かされたりせずに、ただ自分の感情とともにあればいいのです。どんな感情もおかしいものではなく、とても大切なものなのです。

　ジェンダーを探求するとき、「自分は強い人間であること」「１人ではないこと」、そして「周囲の人に愛されているということ」を忘れないでください。いじめを受けていたり、孤独だと感じているなら、このワークブックを通して、相談できる家族、友だち、先生や専門家を見つけてください。あなたの人生の一歩一歩は、それがよい一歩でも、まあまあな一歩でも、悪い一歩であっても、価値ある一歩なのです。どれも、自分がどうかけがえのない存在となるのか、どんな人間なのかを少しずつ教えてくれる一歩なのです。

ライアン・Ｋ・サランズ

この本の使い方

　読んでみようと勇気を出してこの本を開いてくれたあなた！　これから「ジェンダークエスト（ジェンダー探求）」いう、エキサイティングな自分発見の旅がここからはじまるのです！

　「でも、ジェンダークエストって一体なんのこと？」

　いい質問です！　あなたがこの冒険に参加したいかどうかを決められるように、少し説明をしましょう。

　まず、ジェンダークエストは、なぜ必要なのでしょう？

　私たちは幼いころからジェンダーについて、じつにたくさんのことを教えられてきました。男らしいこと、女らしいこと、それに従ってどんな考え方や感じ方や行動をすればいいかといったことです。でも、それだけではないと感じる人もたくさんいるでしょう。

　教えられてきたことが、自分のジェンダーについての十分な説明ではないと感じる人は、こんな疑問をもつことがあるかもしれませんね。

　「自分のジェンダーは、一体なんだろう？」

　「ジェンダーって、そもそもなに？」

　「周囲から思われているジェンダーと、自分がちがうと感じたらどうすればいい？」

　「自分の体とジェンダーがちがっていたら、どうすればいい？」

　ジェンダークエストの目的は、こうした疑問に答えることです。

これは、だれのための本？

　この本は、自分のジェンダーを探求したり、ジェンダーについて知りたいという 10 代の人のために書きました。

- ・自分のジェンダー・アイデンティティ（性自認）についてわからないことがある人
- ・自分のジェンダーをちがった方法で表現したい人
- ・自分のジェンダーについてはだいたい理解できたけど、家庭や学校や職場や対人関係でどうすればいいかがわからない人
- ・自分のジェンダーにもっと合うように人生を変えたいと思う人
- ・なにも変えたくないけど、勇気を出してジェンダークエストをしてみたい人

　自分の大切な人や子どもが、自分と違うジェンダー観と考えをもっていて、その人を助けたいと思う人に読んでもらえるワークもあります。この本はとくに周囲の理解のためのテキストではありませんが、理解を深めるのにも役立つ内容です。

この本は、だれが書いたの？

　私たちのグループは、自分たちもジェンダークエストをしたり、周囲の人のジェンダークエストを助けたりしてきました。ジェンダークエストは、楽しくもあり、苦しくもあり、啓発的でもあり、困難でもあります。著者の私たちは、勇敢にジェンダークエストに向かう読者へ自分たちの経験を伝えたいのです。

この本は、どう構成されているの？

　ジェンダーをどう理解するかは、人それぞれです。とても役立つと思う章もあれば、自分にとっては重要ではないと思う章もあるかもしれません。どの章から読みはじめるか決められるように、それぞれの章について簡単に説明しましょう。

　最後に一言。あなたは、1人でジェンダークエストの旅に出なくてもいいのです。仲間と一緒の方が楽しい冒険になることもあります。信頼できる友だちと一緒に読んでいくのもいいでしょう。

　セラピスト（療法士・治療士）やカウンセラー（心理士・相談員）や信頼できる人と一緒に読むのもいいでしょう。もし1人で旅に出ても、恐れることはありません。あなたの旅の間中ずっと、私たちがあなたのすぐそばにいるのですから！

第1章　ジェンダー・アイデンティティを探求しよう

ジェンダーの定義と、自分のジェンダー感覚を理解するのを手助けします。

第2章　ジェンダー表現を探求しよう

世界中の多様なジェンダーについて紹介しています。あなたが自分のジェンダーをどう表現するかを考える手助けします。

第3章　家族との関係を探求しよう

ジェンダーと家族との関係について紹介します。

第4章　学校や職場でのあり方を探求しよう

学校や職場で、どのように自己主張したり、サポートしてもらったりするのがよいのか、また、ジェンダーにかかわるよくある問題に対処する方法を紹介します。

第5章　周りの人との関係を探求しよう

友だち、クラスメート、同僚たちとの、ジェンダーについてのコミュニケーションの方法について紹介します。

第6章　恋愛とセックスを探求しよう

性的指向、恋愛指向、デート、セックスについて紹介します。

第7章　さまざまなアイデンティティとジェンダーを探求しよう

人種や社会経済的ステータスや宗教といった、ジェンダー以外のアイデンティティとあいまって、自分がどんなにかけがえのない存在で完全な人間であるかについて紹介します。

第8章　つらい問題を乗り越えるヒント

ジェンダークエストにおいて起こり得る困難な問題への対処法について述べます。

もくじ

第**1**章

ジェンダー・アイデンティティを探求しよう

　ジェンダーとはなんでしょう？

　これはとても複雑な質問ですが、シンプルな答えは２つです。

　①どのように男らしさ、女らしさ、あるいはその２つが入り混じった状態を表現 するかということ。

　②自認（自分が自分をどう感じるかということ）が、男らしさと女らしさにどのようにかかわっているかということ。

　ジェンダーは髪型、服装、声の調子、趣味などで表すことができます。私たちは、人間の数だけさまざまなジェンダー・アイデンティティがあると考えています。限りない選択肢があります。自分のジェンダーに満足しているように見える人でも、自分にしかわからない微妙なニュアンスの感情をもっています。

　こうしたことについて考えること、それが"ジェンダークエスト"です。

あなたのジェンダーは？

　ジェンダーは、ややこしくわかりにくいテーマだと思う人も多いでしょう。これまで私たちに寄せられた質問をいくつか紹介しましょう。

「ジェンダーとセックス（体の性）ってどうちがうの？」

「ジェンダーはずっと存在してたの？　これからも存在し続けるものなの？」

「木星に引っ越してもジェンダーはあるの？」

「すべての動物にジェンダーはあるの？」

「ジェンダーは、一体いくつあるの？」

「人のジェンダーは、年齢によって変わっていくものなの？」

「ジェンダーは育てられ方で決まるの？　それとも染色体や脳で決まるの？」

　あなたのジェンダーについての疑問を下に書いてみましょう。
思いついたことをなんでも書けばいいのです。恥ずかしいことはありません。

　こうした質問は、どれもシンプルな答えが出せるものではありません。ジェンダーはかなり複雑で興味深いものなのです。ちょっと見てみましょう。

セックス（体の性）とジェンダーのちがい

　西洋文化では、「ジェンダー」は「セックス」と同じだと考えることがよくあります。この2つの言葉の意味はちがうと知っている人でも、どうちがうのか混乱していることがあります。

セックス（体の性）

　「セックス」という言葉は、2つの異なることがらを説明するのに使われるので、たいへん面倒な言葉といえます。

1、人と人との身体的な親密さ（「ベッドの中ですること」）

　あるいは、

2、ある人が生物学的に「男性」や「女性」であること（「足と足の間にあるもの」）

　この2番目の定義、生物学的な「男性」「女性」などの部分をジェンダーだと思う人が多いようです。でも、ちがうのです！　「セックス」と「ジェンダー」は別のものです！

「セックス」についてもっとくわしく

　人間を含む哺乳類は、生物学的に、「男性」か「女性」かの2種類のうちの1つであることが自然だと考えている人が多くいます。だれがどのカテゴリーなのかも、簡単に見わけることができると思っています。幼い子どもたちの多くは、男女のちがいは、ペニスがあるか、膣があるかだと教えられてきました。生物の授業を受けるようになると、性のちがいは、性染色体（遺伝子を含む）によるものだと考えるようになるでしょう。男性にはXYの染色体構成、女性にはXXの染色体構成があると教えられます。でも、考えてみてください。性器にしても染色体にしても、男性または女性ならみな同じオプションしかないのでしょうか？

　セックス（体の性）について、本当のことを習った人はあまりいません。実際、多くの健康な赤ちゃんが、「男性」か「女性」かすぐに区別がつきにくい性器をもって生まれています（性分化疾患のある赤ちゃん／インターセックス・ベイビー*）。染色体構成が、XYやXXとはちがう型（例えば、XXY）で生まれる人もいるのです。染色体構成と性器が、予期されるものとは「異なる」人もいます（膣がある人の染色体構成がXYである場合があるように）。それに、性分化疾患がない人でも、その体の性にはあまり見られない特徴をもった人も多くいるのです。人の体は成長の過程でホルモンをつくり、それがひげや体毛、声変わり、乳房のふくらみ、腰の張り、筋肉の発達といった「二次性徴」を起こします。ひげは通常「男性だけ」のもので、乳房のふくらみは「女性だけ」のものだと考えられています。しかし実際には、ペニスのある人でも乳房が膨らんだり、膣のある人にひげが生えたりすることもよくあるのです。これらはすべてとても自然なことなのです。

　　　　　　　　　　　　＊今はきちんと検査をして性別を確認できるようになっています。

セックス（身体的な性）の特徴
——あなたはセックスをどう見ているだろう

　時間と場所を決めて、道を歩く人や買いものをする人、外で遊んでいる人を眺めてみましょう。テレビや映画に出ている人は、役のイメージに合うように選ばれたり、メイクをしているので参考になりません。あなたの周りにいる、現実の人たちを眺めましょう。時間をかけて、少なくとも15人ずつ以上、女性と男性を観察して、下の質問に答えましょう。

●私たちがふだん「男性」のカテゴリーに分類してしまいがちな生物学的特徴をもった女性はいましたか？　例えば、腕の筋肉が隆々としていたり、声が低かったり、お尻が小さかったり、ひげが生えていたり。気づいたことを書きましょう。

_____

_____

_____

_____

●逆に、「女性」のカテゴリーに分類してしまいがちな特徴をもった男性はいませんでしたか？
例えば、ほかの男性より背が低かったり、体毛やひげが薄かったり、声が高かったり、お尻が
大きかったり、乳房が膨らんでいたり。ほかになにか気づきましたか？

こうした人たちの特徴をどう思いましたか？

「よい」「悪い」「きれい」「ハンサム」「醜い」と感じたでしょうか？　私たちの多くは「男性なら男らし
い特徴があるのがいい」「女性なら女らしい特徴があるのがいいが、男性ならそれはよくない」と教えられ
てきました。そのせいで、体毛をなくしたり、髪を増やしたり、乳房を小さくしたり、逆に乳房を大きくし
たり、筋肉をつけたり、体重を減らしたりなど、"体の性に基づいてなくてはならない"という考えに、手
間暇とお金をかけて合わせようとする人もいます。

●あなたの知り合いに、そういう人はいませんか？　あなた自身もやってみたことがあります
か？　あれば、ここに書いてみましょう。

　結論としていえることは、セックスは生物学的なものだということです。人を観察してみる
と体の特徴が2つのカテゴリーにきっちりとわけられないことに気づくでしょう。
　セックスとは、「男性」や「女性」などがどのように存在するかという生物学のことなのです。

ジェンダー

　ジェンダーとセックスとは、まったくちがいます。**ジェンダーは「足と足の間にあるもの」ではなくて、「耳と耳の間（＝頭）にあるもの」なのです。**ジェンダーは自分をどう考えるか、どう感じるかなのです。社会の中で自分がどう行動し、自分をどう表現していくかなのです。人のジェンダーを生物学から決めることはできません。「男性」か「女性」という区別の代わりに、ジェンダーでは「男っぽい」「女っぽい」という言い方をよくします。ペニスがあれば男性か男子だというのではありません。ペニスをもって生まれて、医師が「男の子です！」というとき、それはその人の「セックス」が男性であるという意味なのです。

　あなたは自分が男性、女性、あるいはほかのジェンダーだと思いますか？　なぜでしょう？ほかの人のジェンダーは見えないので、どうすればわかるのでしょう？

　クイズを１つ出しましょう。
　もし、女の子が魔法使いに誤って腟をペニスに変えられてしまったら、彼女は突然、男の子になりますか？
　いいえ！　彼女は自分を女の子だとわかっています。ペニスのある女の子なのです。

　もう１つ、クイズを出しましょう。
　男の子がゲームに負けて、一生、「女の子のような」服装で女の子のようにふるまわなくてはならなくなったら、彼は女の子になるのでしょうか？
　いいえ！　彼は、それでも男の子です。「女の子のような」服で「女の子のように」ふるまう男の子なのです。

　ジェンダーは自分についてどう考え、どう感じるか（ジェンダー・アイデンティティ）、そして社会でどのように行動し、自分を表していくか（ジェンダー表現）ということなのかがわかりましたね。

ジェンダー・アイデンティティ

　ジェンダーについては、じつにさまざまな考え方と感じ方があります。したがって、ジェンダー・アイデンティティにもいろいろなものがあります。

　例えば、男性、女性、トランスジェンダーの男性、トランスジェンダーの女性、ジェンダー・クィア、バイジェンダー、トゥースピリット、そのほかにも、「ジェンダー・プリウス（ハイブリッド車のようなジェンダー）」「ジェンダー・オレオ（オレオクッキーのように外と中の色がちがう）」「ジェンダー・スィール（渦巻いたジェンダー）」といったクリエイティブなものもあります。よく見られるジェンダー・アイデンティティにかかわる言葉と、その定義*をリストにしました。

＊英語圏の国や地域と日本では、異なる呼び名・考え方もあります。

エイ（ア）ジェンダー	ジェンダーがないというアイデンティティ。
アンドロギュヌス	「男性的」である、「女性的」であるという両方の特徴をもつ人。外見からジェンダーがわかりにくい人を指すこともある。
バイジェンダー	状況によってジェンダーが変わる人が、自分のことを定義するのに使うことがある。例えば、溶接の仕方を習っているときは男性的だが、夜クラブに出かけるときは、スカートとハイヒールで女性的になる。
シスジェンダー	ジェンダー・アイデンティティや表現が出生時にあてがわれた性（セックス）とマッチしている人。「男性」や「女性」がこうあるべきだという社会の期待に合っているように見える。「ジェンダー・ノーマティブ」と呼ぶこともある。
クロスドレッサー	特定の状況で、通常反対のジェンダーらしいとされる服装やメークや髪型などをする人。「トランスジェンダー」の中に分類されることもあるが、通常、クロスドレッサーの人は、トランスジェンダーというアイデンティティをもたないことが多い。「ドラァグ・クィーン」や「ドラァグ・キング」のようにパフォーマンスとしておこなう人もいる。クロスドレッサーの人によく使われる「トランスベスタイト」は、侮辱的な言葉だと受け取られている。
FTM ／ F2M ／トランス男性	生まれたときに「女性」という性（セックス）をあてがわれたけれど、社会的あるいは身体的に、あるいは社会的にも身体的にも、男性に移行した人。「トランス男性」というあまり「医療的でない」言い方を好む人もいる。
ジェンダー・ダイバース／ジェンダー・エクスパンシブ	社会がジェンダーに求める期待に従わない人。「ジェンダー・バリエント」という言い方は、「社会の期待に沿わない人が異常だ」というニュアンスがあるので好まれない。

ジェンダー・フルイド	自分のジェンダーが、シフトしたり変わったりすることに気づくことを快適だと思う人。ジェンダー・アイデンティティが「固定された」ものではないと感じている。
ジェンダー・ノンコンフォーミング	出生時にあてがわれた性についての社会的な期待に従わない人。「ジェンダー・ダイバース／ジェンダー・エクスパンシブ」と似ている。
ジェンダー・クィア	自分のジェンダーについて、おもに「男性」でも「女性」でもなく、どこかその中間だと感じる人。
MTF／M2F／トランス女性	生まれたときに「男性」という性（セックス）をあてがわれたけれど、社会的あるいは身体的に、あるいは社会的にも身体的にも、女性に移行した人。「トランス女性」というあまり「医療的でない」言い方を好む人もいる。
出生時の性・出生時のジェンダー	生まれたときにあてがわれたセックスやジェンダー。「生物学上の」性（セックス）という呼び方より好まれているが、その理由は、トランスジェンダーの人の多くは、ホルモン療法や手術やほかの移行の過程で「生物学上」の変化がかなり起こるからである。また、自分が遺伝変異ではないことを確かめるために、遺伝子の検査をする人はほとんどいないので、「遺伝的性」という言い方もしない。
パンジェンダー	自分の中で認識するすべてのジェンダーを受け入れる人。ジェンダーには2つしかない、という考え方を拒否している。
トランスフェミニン	出生時に男性という性をあてがわれたけれど、現在はトランスジェンダーというアイデンティティをもっていて、ジェンダー・スペクトラム（性のグラデーション）上の「女性的」の方向に強く位置している。
トランスジェンダー	現在のジェンダー・アイデンティティが社会からの期待と異なっている人すべてに適用することができる。身体的あるいは社会的に移行することを選んだ人も、そうでない人も含まれる。「トランスジェンダー」という言葉が、LGBTQ の「レズビアン」「ゲイ」「バイセクシュアル」と並んで使われることがよくあるが、トランスジェンダーは、性的指向ではなく、ジェンダー・アイデンティティにかかわることであるということを忘れないで！
トランスマスキュリン	出生時に女性という性をあてがわれたけれど、現在はトランスジェンダーというアイデンティティをもっていて、ジェンダー・スペクトラム上の「男性的」の方向に強く位置している。
トゥースピリット	アメリカ先住民文化に特有のアイデンティティ。アメリカ先住民は多様な文化をもっていて、それぞれの文化によってジェンダーの理解が異なっている。トゥースピリットという言い方は、いくつかのアメリカ先住民の社会で使われているもので、「男性」や「女性」以外のジェンダーの外見やアイデンティティをもつ人を指している。

ジェンダー表現

　ジェンダー表現を2つだけにわけることはできません。ジェンダー表現は、社会でどのように自分を表したり、どんな服装をしたり、どんな話し方をするかということなのです。西洋文化では、格闘技や自己主張といった特定の行動や特徴を「男性的」、化粧をしたりやさしいことを「女性的」だと見なしがちです。もちろん、すべてのジェンダー・アイデンティティの人の行動や特徴の中にも、男性的や女性的なものがあります。だれであっても、自己主張ができると同時に、やさしさをもつことが理想的だと思えるのは、うれしいことです！　それでも、人の行動を見ていると、その人がどれほど男性らしいか、あるいは女性らしいかと考えてしまうことがあります。

やってみよう！　ジェンダー表現

●家族と友だちの中から2人ずつ選んで、その人たちのジェンダー表現を計ってみましょう。「女性性スケール」「男性性スケール」のどの位置に当てはまると思いますか？　同じ人が、女性性スケールと男性性スケールが同時に高かったり、低かったりすることもあり得ます。

家族1： ＿＿＿＿＿＿＿＿＿＿＿＿＿＿＿＿＿＿

女性性スケール

まったく女性的でない　　　　　　　　　　　　　　　　　　とても女性的

男性性スケール

まったく男性的でない　　　　　　　　　　　　　　　　　　とても男性的

家族2： _____

女性性スケール

|—————————————————————————————————————|

まったく女性的でない   とても女性的

男性性スケール

|—————————————————————————————————————|

まったく男性的でない   とても男性的

友人1： _____

女性性スケール

|—————————————————————————————————————|

まったく女性的でない   とても女性的

男性性スケール

|—————————————————————————————————————|

まったく男性的でない   とても男性的

友人2： _____

女性性スケール

|—————————————————————————————————————|

まったく女性的でない   とても女性的

男性性スケール

|—————————————————————————————————————|

まったく男性的でない   とても男性的

ジェンダーの洗脳から解放されましょう

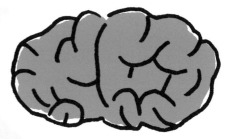

　私たちはみんな、ジェンダーについてさまざまなことを教えられてきました。例えば、いくつジェンダーがあるか、ジェンダーに合わせてどんな外見やふるまいをするべきかといったことです。すべての人が同じことを教えられていると、それが事実のように思えてしまうかもしれません。

　しかし、人の外見や行動を見てみると、ジェンダーについての思い込みが事実に基づいたものではないことに気づきはじめるでしょう。そうなのです！　私たちはジェンダー規範に洗脳されているのです！

　ジェンダー規範に洗脳され、ジェンダークエストが滞ってしまうのは残念なことです。体の特徴は2つのカテゴリーにきっちりわけられるとか、「女性は、みな美しく礼儀正しくあるべき」「男性は、強くて威張っていなくてはならない」という古い知識を信じていると、探求をする意味があまりありません。もしジェンダーを本当に理解しようとするのなら、こうしたジェンダー規範の洗脳から自由になる方法を考えないといけません。

　ラッキーなことに、私たちはこの洗脳から解放される方法を見つけました。最初に、これまで教えられてきたことを見直して、それが実際のジェンダーと、どうちがっているかを考えていきましょう。それによって、より深い知識に基づいた自分自身の信念をつくることができます。まずは次のワークからはじめてみましょう。

やってみよう！　ジェンダーの考え方

●まず、現在の自分のジェンダー観を見てみましょう。前のワーク（17ページ）で、家族や友だちのジェンダー表現について考えたとき、あなたはどんなふうにして「男性的」「女性的」というわけ方をしましたか？　周囲の人から教わったジェンダーについての考え方や、周りの人の様子で判断しましたか？　「男性的」「女性的」について教わってきたことを書いてみましょう。

●男性的とはどういうことだと教えられましたか？　絵に描いてみましょう。

●女性的とはどういうことだと教えられましたか？　絵に描いてみましょう。

ジェンダーの異なる考え方

　西洋文化の主流となる考え方が、私たちに男性観や女性観を植えつけてきました。そして私たちは、「生物学的な女性は女性として女性的であること」「生物学的な男性は男性として男性的であること」が"よいこと"だと教えられてきました。人間が２つの箱だけに収まるという考えは、あまりにも単純ですね。ジェンダー・スペクトラム（性のグラデーション）の一番はしっこに、生物学的な男性・男性であること・男らしさなどすべてを押し込めた箱が置かれ、反対側のはしっこに、女性・女性であること・女らしさなどすべてを閉じ込めた箱が置かれているところを想像してみてください。

　男性・男性であること・男らしさ、女性・女性であること・女らしさ、という箱にすっかり慣れてしまっていると、そんな箱が本当は存在しないことに気づくと、とても驚いてしまいます！　しかし実際には、ジェンダーについては異なる考え方がたくさんあるのです。

　例えば、アメリカ先住民の部族は、３つかそれ以上のジェンダーがあることを認めています。自分を男性とも女性とも認識しない人は、「トゥースピリット」（16 ページ）という現代的な名前で呼ばれています。伝統的にトゥースピリットの人びとは、部族の中でしばしばシャーマン＊として区別されてきました。

　世界にはこうした例がたくさんあります。タイの「カトゥーイ」あるいは「レディボーイ」と呼ばれる人びと、中東の「サルジクルム」、インドのヒジュラーというカースト、サモアの「ファアファフィネ」、南米の「トラベスティ」、アルバニアの「バーネシャ」、メキシコ南部の「ムシェイ」のように、ジェンダーの二元性を否定する例は、世界中に、そして歴史を通して見られるのです。

＊シャーマン：宗教において精霊などとつながる祈禱師や巫師のこと。

　21ページにあげた例は、ほんのいくつかにすぎません。あなたもネットで調べてみませんか？ 21ページの呼び名や、「第3の性」「タイのトランスジェンダー」「歴史上のトランスジェンダー」などで検索して、いろいろな国や時代を調べてみましょう。アメリカにもトランスジェンダーの豊かな歴史があります。ネット以外にも、関連するいろいろな本を読むことをおすすめします。ジェンダーの二元性を拒否した人びとは歴史上に多くいました。こうして探せば見つけることができます。

●さまざまな文化の中の第3・第4・第5のジェンダーの存在について、どんなことがわかりましたか？

●ジェンダーの二元性を拒んだ人を見つけましたか？　こうした人びとの物語を読んでどう思いましたか？

やってみよう！　ジェンダー・インタビュー

　西洋文化では、ジェンダーの箱は２つしかないという考え方がいまだに主流ですが、過去50年の間にジェンダーの役割は大きな変化をとげてきました。

●あなたと同じような文化で育った50歳以上の女性にインタビューしてみましょう。「あなたの生涯において、女性にはどんな変化が起きましたか？」と尋ねて、答えを書いてみましょう。「質問の意味がわからない」といわれたら、「あなたが生まれたころと今を比べて、女性の行動、服装、職業、家庭内の役割などについて、どんな変化が見受け入れらるようになったと思いますか？」と尋ねてみましょう。

●同じ質問を、あなたと同じような文化で育った50歳以上の男性にも尋ねて、答えを書いてみましょう。

どう感じましたか？

このインタビューから、同じ文化で育っていても、ジェンダーに期待されることが時代によって変わってきたことがわかったかもしれません。近年では、ジェンダーに求められる社会的規範を崩すだけでなく、社会にジェンダーの二元性を疑問視させるような影響力をもつ人が現れてきました。西洋文化の中でこうしたジェンダーの多様性が見られるようになったことで、社会のジェンダー観が変わってきているのです。最前線にいる人たちの話を紹介しましょう。

> ぼくは小児科の看護師でしたが、2人の子どもが生まれてからは看護師を辞め、専業主夫をしています。今まででもっとも幸せです。妻は企業の事案を扱う弁護士としての仕事を楽しんでおり、ぼくは子どもの「世話をする」役割に満足しているのです。うちの家庭は、役割が逆じゃないかとよくいわれますが、まったく気にしていません。それぞれの役割に満足していることが、妻とぼくにとって重要なのです。

> 私は、自分の女性的な部分も男性的な部分も大好きです。ドレスを着ているときも、アメリカンフットボールのグラウンドにいるときも、同じように居心地がよいのです。

> ドラァグ・クィーン（男性が女性の姿でおこなうパフォーマンス）の服装をすることが、ぼくにとっての癒しです。ぼくは日中はイケてるゲイ男性で、夜には美しいドラァグ・クィーンになります。ぼくは男性として満足していますし、女性になりたいとは決して思っていません。でもドラァグ・クィーンになることが好きなのです。

> 私がまだ「女の子」だったとき、お人形で遊んだり、ピンク色のものが大嫌いだったと両親がいっていました。男の子の服装ばかりしたがったそうです。7歳のときに、自分は「男の子なんだ」と宣言したとき、両親は驚きもしませんでした。そして、18歳のときに身体的に男性へと移行をはじめました。

　私が「男の子」だったころは、姉の友だちたちと遊びたがったといいます。中学生になっても「男の子の遊び」には参加しませんでした。大学に入ってからは、自分は女性である方がずっと幸せだと気づきました。今ではかなり女性的になりましたが、車のオイルチェンジをすることは大好きですよ。

さあ、あなたはどう考えますか？

　まだジェンダー規範の洗脳にとらわれていますか？　それとも自由になりはじめましたか？　あなたのジェンダー観がもっと複雑になったり混乱してきたり、逆に、より明瞭になってきたり……なにしろ変わりはじめていたら、おめでとう！　それはジェンダー規範の洗脳から自由になりはじめたということなのです！

自分のジェンダー・アイデンティティを探求してみよう

ジェンダーについて少しわかってきたところで、自分自身のジェンダーについて考えてみましょう。

ジェンダー・アイデンティティとは、「耳と耳の間（＝頭の中）」にあるものだということをお忘れなく。外見のジェンダー表現とは別のことです。

自分のジェンダーは、どうすればわかるのでしょう？

ジェンダー・アイデンティティは内側にあるものなので、それを決められるのはあなただけなのです。だれにもアイデンティティをコントロールされないですむので、いいことだと思う人もいるでしょう。でも、自分のジェンダーについてちょっと混乱している場合は、自分にしか決められないといわれると、こわくなるかもしれません。でも、大丈夫！　そのために私たちがいるのですから。あなたが1人で決めなくてはならないわけではありません。

心理テストなどでわかるのでしょうか？　そんな診断があればいいな、と思う人もいます。そうすれば周囲に受け入れられやすいだろうし、自分でも決めやすいかもしれない、と思うかもしれませんね。あなたのジェンダー・アイデンティティを見つける手助けとなるワークをいくつか紹介しましょう。

やってみよう！　自分のジェンダー探し

あなたのジェンダーについての気持ちや感情を探ってみましょう。安全で静かな場所を探し、次の質問にできるだけ正直に答えましょう。

●あなたのジェンダーについてもっとも小さいときの記憶はなんですか？
（例えば、父親に「本当に青い風船がほしくないのかい？　青色は男の子の色だよ」といわれたこと。「お兄ちゃんみたいにボーイスカウトに入りたい」といったら、「女の子だからダメだ」と両親にいわれたこと）

●あなたは、「男の子みたい」や「女の子みたい」といわれたことがありますか？　どんな気持ちがしましたか？

_____

_____

_____

次の質問についての注意

　こういった想像をすると、はじめはこわいと感じるかもしれません。こわい気持ちが大きくて、それ以外の感情がわからなくなるかもしれません。こわいと思ったら、そう書きましょう。それから、どんな気持ちが起きたかも書きましょう。想像したことが危険なところや、拒絶されるような状況ではないと考えると、気持ちが楽になるかもしれません。

●人に男の子や男性として見られたら、どんな気持ちになると思いますか？

_____

_____

_____

●人に女の子や女性として見られたら、どんな気持ちになると思いますか？

_____

_____

_____

●人に女の子・女性や、男の子・男性以外のジェンダー（例えば、アンドロギュヌスや、トゥースピリットとして。日本でいうところの X ジェンダーなど）に見られたら、どんな気持ちになると思いますか？

●あなたにとって、ジェンダーのお手本となる人はだれですか？　どんなジェンダーにでもなれるとしたら、あなたはだれになりたいですか？

●紙を半分に折って本のようにしましょう。表紙に、人があなたのジェンダーをどう見ていると思うかを絵にしましょう。次に紙を開いて、中にあなたが自分のジェンダーをどう思っているか、社会にどう見られたいかを絵にしましょう。左ページと右ページに別々の絵を描いてもいいのです。自分の気持ちを表したそれぞれの絵を見てどう思いますか？

●次の例を読んで、「自分もそうだ」と思うところに下線を引きましょう。あなたの気持ちとちがう部分は二重線で消しましょう。そのどちらでもない箇所もあるでしょう。中間やあいまいな箇所があってもいいのです。

> これまでの人生、ずっとなにかがちがっていると感じてきました。鏡の中の自分が、別の人間に見えることもあります。自分ではないのです。鏡の中の人と、自分が感じている自分とが別人なのです。

> 人を驚かせることが好きなんだ。私のことを女の子らしいと思っている人が、実は私がスポーツ好きなことを知って驚いたり、私がドレスをたくさんもっていることで、「おてんば」だと思っている人を驚かせたりしたいんだ。

> 子どものとき、自分がトランスジェンダーだなんて思ってもみませんでした。ほかの男の子たちと同じものが好きだったし、スポーツにも女の子にも興味がありました。でも高校に入って、なにかがちがうと考えるようになりました。どう感じたのか、なぜなのかを説明するのはむずかしいですが、自分が男だと思えなくなったのです。自分は女性だといってみると、しっくりくるのです。今までもずっと女性だったし、それはなにも変わっていないような気がします。今でもスポーツが好きだし、女の子のことも好きですから。

> ぼくは、自分がゲイではないことを、人に証明しようとずっと努力してきた。一生懸命がんばってみたけど、人は、ぼくがほかの男性より女性的だといつも感じてるみたいなんだ。両親にもずいぶんこのことで批判されてきたよ。

私は、女の子であることが大好き。これからもずっとそう！

　自分は、ドレスが大嫌いでした。お人形なんかも嫌い。お兄ちゃんのおもちゃで遊ぶことが好きだったから、自分のおもちゃには触りもしませんでした。子どものときはお母さんが、「あなたはおてんばね、でも大きくなれば変わるよ」と言っていました。でも、変わることはありませんでした。ドレスを着たり、ネイルをしたいと思うことはありません。12歳になるころまでは、自分が女の子なのか男の子なのかなんて、どうでもよかったし、考えもしませんでした。でも、体が変わりはじめたら、とても嫌な気持ちになりました。なにか自分でコントロールできないことが起きているようで、なにかがちがっていると思うようになりました。自分が望んでいないことが起きているのだと思ったのです。

　私は、自分が男の子だと思ったことはないけど、女の子だとも感じないんだ。ジェンダーなんか存在しないところ、男でも女でもない自分でいられる場所に行ければどんなにいいだろう。

　ぼくは、「女の子みたい」だと学校でからかわれるけど、実際、自分でも男の子よりも女の子のような気がしているんです。なかなかそういえないけど。

　ぼくは、完全に男であることに間違いはない。でも小さいときに女の子として育てられたことも、とても気に入っていた。それぞれのちがった見方を理解できるようになったから。

●自分に「当てはまる」と思った箇所を全部書き抜いてみましょう。

●それはあなたの気持ちをすべてを表していますか？　足りないところはありませんか？

この章のまとめ

　この章では、たくさんの情報を得ましたね。今はまだ圧倒されているかもしれませんが、いつでも読み返していいのです。ジェンダークエストをしていく途中で、この章を読み直して、同じように感じるか見てみることをおすすめします。今は、ここまでのあなたの旅について、少しだけ考えてみましょう。

● この章からなにを学びましたか？　一番記憶に残ったものはなんでしょう？

_____

_____

_____

● 自分についてなにか発見しましたか？　それはなんですか？

_____

_____

● その発見についてどう感じますか？　驚きましたか？　混乱したり、安心したりしましたか？

_____

_____

_____

● ほかになにか疑問に思うことがありますか？

_____

_____

_____

第2章

ジェンダー表現を
探求しよう

　おめでとう！　ここまで読んでくれたあなたは、ほかの人よりもずっとジェンダーのことがわかるようになりましたよ！

　ここまでのジェンダークエストの旅は、内心でどう感じるかということでした。そして、それは次の質問へとつながっていきます。「外見がどうかということに、一体どんな意味があるの？」ということです。

　第1章で紹介したように、ジェンダー表現とは、"社会に対してどう自分のジェンダーを表すか"ということです。いろいろなことがジェンダーにかかわっています。歩き方、服装、話し方、身振り、髪型など、ジェンダー表現のリストはどこまでも続きます。

　第2章では、ジェンダーのさまざまな表し方について探求していきます。ほかの人はどのようにジェンダー表現をしているのか、あなたはどう表現したいのか、いくつかの観察や実験をしていきましょう。安全ではないと感じたり、居心地が悪いと思うことをする必要はありません。でも同時に、ジェンダー表現について考えたり、試してみたりすることは、だれにとっても少し居心地が悪いものだということも理解しておいてください。でも、少し居心地が悪いからといって、楽しくないわけではありませんよ！

*この章の執筆にはジェニファー・ヘイスティングス医学博士の協力を得ました。

小さいころのジェンダー冒険

　小さいころは、まだ服装や話し方、歩き方や行動の仕方の良し悪しについて教えられていないので、自由な外見ができました。ドレスアップしてみたり、ハロウィーンのコスチュームをつけたり、マジックで爪に「マニキュア」を塗ってみたり。バンダナを頭に巻いてカウボーイになったり、タオルを頭に巻いて髪の毛のようにしたり、お父さんのシャツとネクタイをつけて会社に行くふりをしたり。この本の著者の1人は、お父さんが子どもたちの顔にシェービングクリームを塗って、おじいさんの白いひげのようにしてくれたことを覚えています！　あなたも同じようなことをやったかもしれませんね。これらはすべて、子どもならだれでもおこなう自己表現の探求で、ぜんぜんおかしなものではありません。

やってみよう！　小さいころのジェンダー冒険

●あなたが小さいころ、どんな自己表現をしてみましたか？　ジェンダー表現を試してみたときのことを3つ以上書いてみましょう。そして、どんな気持ちがしたか、それをほかの人に見られたとしたら、どんな感じだったかも書いてみましょう。

年齢：　　　　　　歳

試したこと：

感じたこと：

年齢：　　　　　　　歳

試したこと：

感じたこと：

年齢：　　　　　　　歳

試したこと：

感じたこと：

年齢：　　　　　　　歳

試したこと：

感じたこと：

●小さいころの自分のジェンダー表現について、あなたはどのように考えましたか？

あなたはもう小さい子どもではないので、ジェンダー表現について、ほかにも考えなくてはならないことがあります。

例えば、「こんなジェンダー表現をしたら、友だちにどう思われるだろう?」「親はどう思うだろう?」「ほかの人はどうだろう?」「安全だろうか?」「自分には本当にそんなことができるのだろうか?」のようなことです。

そう考えると大きなストレスになって、ジェンダークエストをあきらめてしまう人がいるかもしれません!

でも、ここまで読んできた人なら、きっとジェンダークエストを続けることができますよ。安全で満足できる方法を、この本が教える手助けをします。さあ、準備をして、次の旅へ出発しましょう。

小さいときと同じように、自分の外見について実験してみると、どんなジェンダー表現が自分にとってもっとも居心地がよいかがわかります。外見とは、服装やメイクだけではありません。ジェンダーに関する自己表現には、いろいろな方法があるのです!

やってみよう! ジェンダー探し

ジェンダーは、どこで見つけることができるでしょうか? いったん探しはじめれば、周囲のどこにでもジェンダーを見つけることができます。さあ、探してみましょう。

第1章では、人を観察して、体の形や毛深さのような生物学的な特徴を探してみました。今度は30分ほど時間をかけて、ジェンダーに関する行動を観察してみましょう。例えば、服装、髪型、メイク、ネイル、身振りなどです。人がたくさんいるところなら、コーヒーショップでも、街頭でも、学校でもショッピングモールでも、どこでもいいのです(瞬きするのを忘れないで! 集中しすぎて目が乾いてしまうと大変です!)。同じところにずっといるとあやしまれるようなら、場所を変えてもいいでしょう。観察し終わったら、次の質問に答えましょう。

●人はどんなことで、ジェンダー表現をしていますか？

●「女の子」や「女性」だと思う人を眺めてみましょう。その人たちはみんな同じようなジェンダー表現をしていますか？　その人たちの、女性的、男性的、どちらともいえないジェンダー表現について書いてみましょう。

女性的：

男性的：

どちらもいえない：

●今度は、「男の子」や「男性」だと思う人を眺めてみましょう。その人たちはみんな同じようなジェンダー表現をしていますか？　その人たちの、女性的、男性的、どちらともいえないジェンダー表現について書いてみましょう。

女性的：

男性的：

どちらもいえない：

●30分たったら目を休めて、どんなことに気づいたか思い出しましょう。いいなと思ったジェンダー表現はありましたか？　どう感じてもいいのです。心配しないで、できるだけ正直に書いてみましょう。

_____

_____

_____

●さあ、今度は考える番です。いろいろなジェンダーの人の自己表現やスタイルを下に記しました。抜けているものがあれば、下の線に書きましょう。

・髪型：長髪、短髪、染めている、くせっ毛、パーマ、ストレート、三つ編み、ポニーテール

・服装：ファンキー（奇抜）、地味、花柄、ネクタイ

・靴：ブーツ、ヒール、ビーチサンダル、革靴、スニーカー、フラットシューズ

・アクセサリー：イヤリング、カフスボタン（シャツやブラウスの袖口を留める装身具）、ピアス、ネックレス、腕時計

・ネイル：マニュキアを塗っている、爪を伸ばしている、爪が短い、なにもなし

・香り：フルーティ、アロマ、花の匂い

・化粧：薄化粧、派手な化粧、化粧なし

・メガネ：なし、厚い縁、サングラス、キラキラしたもの

・身振り：威圧的、優雅、自信満々、チャラい

・_____

・_____

驚くほど多様なジェンダー表現

　日常生活の中には、驚くほど多様なジェンダー表現があります。男の人が花柄の服を着たり、ネックレスをつけていたり、「男性」として短髪にしたり男っぽい歩き方をしなくてもいいのだと、気づくかもしれません。ジェンダー表現は自分なりのものでよいのです。

ジェンダーを超えた自己表現

　ジェンダーはどこにでも見つけられるといいましたが、ジェンダーがすべてだというわけではありません！　人間観察をすれば、きっとジェンダー以外にもいくつかの特性に幅があることに気がつくでしょう。例えば、次のようなスペクトラム（性のグラデーション）です。

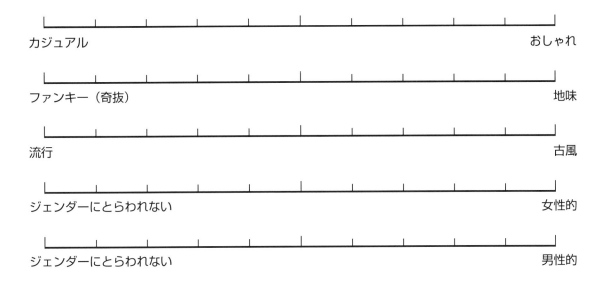

カジュアル　　　　　　　　　　　　　　　　　　　　　　おしゃれ

ファンキー（奇抜）　　　　　　　　　　　　　　　　　　地味

流行　　　　　　　　　　　　　　　　　　　　　　　　　古風

ジェンダーにとらわれない　　　　　　　　　　　　　　　女性的

ジェンダーにとらわれない　　　　　　　　　　　　　　　男性的

例えば、ある月曜日に、トランスジェンダーの女の子がジーンズとかわいいラメのついたTシャツを着て髪を長く垂らし、メイクもアクセサリーもなしで、カラフルで大きなひものついたおもしろいスニーカーで学校に来たとしましょう。授業中はおとなしくて、静かに話します。でも、運動神経がとてもよくて、サッカーチームに入っています。そんな女の子の月曜日の自己表現は、こんな感じでしょうか？

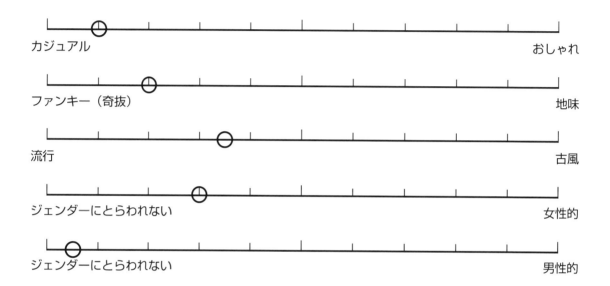

カジュアル ―――○――――――――――――――――――――― おしゃれ

ファンキー（奇抜）―――○―――――――――――――――― 地味

流行 ――――――――――○―――――――――――――― 古風

ジェンダーにとらわれない ――○―――――――――――――― 女性的

ジェンダーにとらわれない ○―――――――――――――――― 男性的

変わるのは外見だけ

　これはある月曜日に彼女がどう見えるかというだけのことで、サッカーの練習のために着替えたり、家族といるときは大きな声で自己主張ができるなら、○印をつける場所が変わってくるでしょう。彼女のジェンダー表現が変わったからといって、彼女のジェンダー・アイデンティティが変わるというわけではありません。服装や話し方がちがっても変わるのは外見だけで、その人自体は変わらないということを忘れないでください！

やってみよう！　あなたの表現

●あなたは、通常、学校や職場でどのように自分を見せていますか？

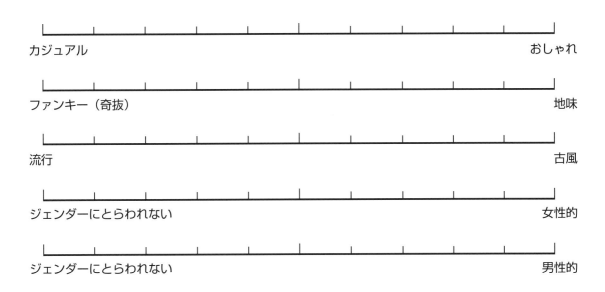

●パーティのときはどうでしょう？

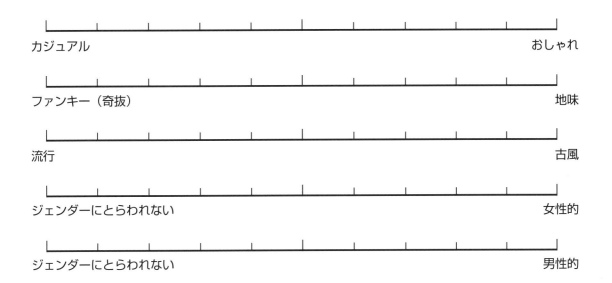

●週末、家にいるときは？

カジュアル　　　　　　　　　　　　　　　　　　　　　　　　　　おしゃれ

ファンキー（奇抜）　　　　　　　　　　　　　　　　　　　　　　地味

流行　　　　　　　　　　　　　　　　　　　　　　　　　　　　　古風

ジェンダーにとらわれない　　　　　　　　　　　　　　　　　　　女性的

ジェンダーにとらわれない　　　　　　　　　　　　　　　　　　　男性的

●それでは理想的なシナリオを考えてみましょう。下のそれぞれの場所では、どんな服装や行動も問題なく周囲にすんなり受け入れられると想像してみましょう。本当にそうなら、あなたはどのような服装と行動をしますか？

学校で：

ショッピングセンターで：

好きな人との食事で：

土曜の午後、友だちと：

ダンスパーティや結婚式のようなおしゃれなイベントで：

スポーツジムで：

ハイキングやサイクリングをするとき：

こうした状況を想像してみて、どう感じましたか？

　「やってみたいけど、友だちにどう思われるか……」「お母さんにぜったいダメって言われるよ……」と思っても、それはとても自然なことです。こわいと思ったり、ドキドキしたり、驚いたり、ワクワクしたり、というようにいろいろな感情が入り混じって起こるのもよくあることです。

●あなたがよく過ごす状況を 42 〜 43 ページから３つ選んで、次の文の下線のところに書き込みましょう。そしてどんなことを考えたり感じたりしたかを、それぞれ書いてみましょう。

・_____のときにどんな服装をするか想像したとき、こんなことを考えた：

こんな気持ちになった

ワクワク	幸せ	うれしい	興味深い	驚き	心配	ビクビク	怒り
うずうず	悲しい	挫折	不幸せ	安堵	喜び	恥ずかしい	

・_____のときにどんな服装をするか想像したとき、こんなことを考えた：

こんな気持ちになった

ワクワク	幸せ	うれしい	興味深い	驚き	心配	ビクビク	怒り
うずうず	悲しい	挫折	不幸せ	安堵	喜び	恥ずかしい	

・_____のときにどんな服装をするか想像したとき、こんなことを考えた：

こんな気持ちになった

ワクワク	幸せ	うれしい	興味深い	驚き	心配	ビクビク	怒り
うずうず	悲しい	挫折	不幸せ	安堵	喜び	恥ずかしい	

ジェンダー実験の準備をしよう

　　ジェンダーの実験には、とてもたくさんの方法があります。最初に、いつ、どこで、どのようにして実験するか計画を立てるとよいでしょう。例えば、メイクをしてみようと思ったら、いつ、だれといるときに、どんな場所で試すのがいいでしょうか？

　　アメリカでは、女性として見られている人が、男物のシャツを着ていても別に不思議がられることはありません。でも、男性として生まれてきた人がメイクをすると、ちがう反応を受けるでしょう。安全な方法は、だれでも見つけられます。例えば、私たちの知人は、お姉さんと一緒に化粧品や洋服の買いものに行ったり、またある人は、男性の服の下に女性の服を着たり、親に打ち明けるまでは自分の部屋だけで試しているという人もいます。自分がジェンダー・クィアだと周囲に言う準備ができるまでは、男性の服を着て自分はレズビアンだと言っていた人もいます。

　　みんな毎日同じ外見をしているわけではないので、いろいろな実験ができますね。

やってみよう！　　はじめてのジェンダー実験を計画しよう

●まず、ジェンダー実験のアイデアを、46 ページのリストに書き込みましょう。もっとも簡単で安全なものから順に、とてもこわいと思うものまで書いていきましょう。

　　例えば、こんなことを書いた人がいました。女性用のシャンプーを使う、男性用のコロンをつける、ネイルをする、アクセサリーをつける、ネクタイを結ぶ、スカートをはく、パッドを入れたブラジャーをつける、男性用の下着を着る、乳房を布で縛って抑える、パンツに詰め物を入れる、マスカラでもみあげを描く、髪を切るなど。これらをヒントにしてもいいですし、自分で考えたことを書いてもいいでしょう。

	こわさの順位	実験のアイデア
1	簡単	
2		
3		
4		
5	かなりこわいけど、やれると思う	
6		
7		
8		
9		
10	ものすごくこわい！	

実際に実験をおこなわなくても OK！

　どんなことが可能なのか、自分にとってそれがどんな順番なのかを知るための練習です。いつ、なにをするかは、自分で決めればよいのです。

●さあ今度は、左ページのリストの１から４に書いた中から１つ選んで、次の左欄の質問に答えましょう。

選んだアイデア

質　問	答えの例①	答えの例②	あなたの答え
どんな実験をしますか？	男もののシャツを着て、男っぽい髪型にする。	メイクをする。	
どこで試してみますか？	このことを知っている友だちと一緒に、友だちの家で。	両親が留守の時に自分の部屋で。	
実験のために、どんな材料や情報が必要ですか？	男もののシャツと、くし。	化粧品と、メイクの仕方についての情報。	
材料や情報はどこから得ますか？	くしはもっている。シャツは古着屋で買う。	ドラッグストアで化粧品を買う。メイクの仕方はネットで探す。	
試す時はだれといっしょですか？（だれかといっしょにするとしたら）	友だちのジル。	１人でする。	
身の安全について考えなくてはならないことはなんですか？居心地が悪い思いをしないように、そして、自分でまだ決心していないのに、公にされてしまわないための安全策です。	友だちには、だれにも言わないように念を押すこと。友だちの家から出ないこと。写真を撮らないこと。	学校から遠いお店で買うこと。写真をだれにも送らないこと。メイクの落とし方も知っておくこと！	
どのくらいの時間試してみますか？	１時間だけ。	どのくらい時間があるかによって考える２０〜３０分。	

明日以降にもっと試してみたいときのために、余分の用紙をつくりました。自分で用紙をつくって試し続けていってもいいですね。

質　問	実験 2	実験 3	実験 4
どんな実験をしますか？			
どこで試してみますか？			
実験のために、どんな材料や情報が必要ですか？			
材料や情報はどこから得ますか？			
試す時はだれといっしょですか？（だれかといっしょにするとしたら）			
身の安全について考えなくてはならないことはなんですか？居心地が悪い思いをしないように、そして、自分でまだ決心していないのに、公にされてしまわないための安全策です。			
どのくらいの時間試してみますか？			

プールに飛び込む前に

　ジェンダー実験をしてみる前に、水泳について考えてみましょう。どうして水泳なのかって？

　はじめてプールに行ったときのことを思い出してみてください。プールに入る前、つまりプールに飛び込むかどうか決めなくてはならなかったとき、あなたはなにを考えましたか？　水は冷たいかな？　外は暑いかな？　寒いかな？

　次に、プールにどんな入り方をしたか思い出しましょう。飛び込み台から思い切って飛び込みましたか？　時間をかけて少しずつ足を水につけながら入りましたか？　多くの人は、まず手や足の先をプールの水につけて、水の中に入っていく自分自身を確認したのではないでしょうか。

　ジェンダー実験も、「水に入る」ときと同じように考えてほしいのです。

やってみよう！　水をチェックしてみよう

●あなたは、どれくらいすぐに「飛び込みたい」と思いますか？

```
1                           5                          10
```
それほどではない。　　　　　　　　　　　　　　　　　　　もう1秒も
少し待ちたい　　　　　　　　　　　　　　　　　　　　　　待ちたくない

●急いで「飛び込みたい」と思ったのはなぜでしょう？

● 「ゆっくり入りたい」「今は入りたくない」と思ったのは、なぜですか？

● 水はどんな「感じ」でしたか？　あなたの実験を、家族や友だちや学校や職場は、受け入れてくれそうですか？　それとも好意的ではない環境でしょうか？

1				5					10

とても危険　　　　　　　　　だれも気にも留めない　　　　　　　　受け入れてくれる

サポートしてくれる"水"、サポートしてくれない"水"

　飛び込むことをサポートしてくれるような"水"も、そうでない"水"もあります。もしあなたの実験が悪い結果をもたらすと思ったら、飛び込むことを考え直した方がよいでしょう。凍った湖に飛び込むようなものです。自分にとってなにが安全か危険かは、自分にしか判断できません。どうしていいかわからなければ、あなたの安全なジェンダーの旅を支えてくれるような大人を見つけましょう。

やってみよう！　考えをまとめよう

●はじめての実験に関する３つの事柄──①どれだけ飛び込みたい気持ちがあるか、②ゆっくり入りたいと思うのはなぜか、③その"水"は好意的か──についてのあなたの考えを書きましょう。

【例】メイクをしてみたくてたまらない。ちょっとこわいから、まず１人のときにチークだけをつけてみよう。家族がびっくりするといけないし、まだ家族に伝える準備ができていない。いくつか実験をしてみて、本当に自分がなにをしたいのかがわかるまでは、だれにも言わないでおこう。

あなたの気持ちを大切に！

　あなたの考えている実験がまったく快く受け入れられないと思ったり、今はゆっくり時間をかけたいと感じたら、その気持ちを大切にするべきです！　たとえ実験したいとうずうずしても、時間をかけて十分に準備をすればいいのです。ここまで読み進んできたけれど、理由がなんであれ、自分が選んだ実験をする用意がまだできていないと思ったら、「やってみよう！　はじめてのジェンダー実験を計画しよう」（45ページ）へ戻って、それほどこわくない別の実験を選んでみてもいいのです。新たに別の実験を選んで、またこのページまで読み進んできたら、次のステップへの準備ができているかどうかを、考えてみればいいのです。

実験を選んで、安全におこなえる方法を見つけて、心の準備ができたら、今度は実際にやってみる番です！

やってみよう！　あなたのジェンダー実験

　まず、さっきつくった計画を見直してみましょう。実験をする上で計画の中に変えたいところはありますか？　あなたの実験なのですから、変えてもいいのです。

　さあ、準備はできましたか？　では、さっそくはじめましょう！　あとで結果を教えてくださいね。

●さて、どうでしたか？　あなたの話を聞くのが楽しみです！　実験はうまくいきましたか？　どんな気持ちでしたか？　ワクワク？　不安？　ハッピー？　どちらかというと、よい結果？　それとも悪い結果でしたか？

●自分自身についてどんなことがわかりましたか？

●ほかの人についてどんなことがわかったでしょうか？

●うまくいったのは、どんなことですか？

●ちがうやり方をすればよかったと思ったところはありますか？

●次はどんなことを試してみたいですか？

それから、どうする？

　実験してみたことが自分には向いていないと思った人も、すごく気に入ったと思った人もいるでしょう。でもたいていの場合は、入り混じった気持ちだったのではないでしょうか？　ここからどうするかは、あなた次第です。たとえそれほど気に入らなかったとしても、いくつか実験をしてみることをおすすめします！自分についてできるだけ多くのこと知ることが目的なのですから。

　実験をしていて、毎日の生活に取り入れたいと思ったことがあるかもしれません。歩き方、服装、話し方といったことです。もっと入念にひげをそったり、ネイルをしたり、髪を短く切ったり、乳房を平らにするためにタイトなスポーツブラをつけたり。こうしたことを、本当の自分を表すのに十分役立つ、ワクワクする実験だと思う人もたくさんいます。

　家庭や学校や職場で、これまでとちがう自己表現をしたいと決めたら、自分の名前や人称代名詞の性をどう変えるかという問題が出てきます。あなたもそういったことを考えているのなら、第3章、第4章、第5章を読んでください。

永久的に変える

ここまでは、あなたが変化を試してみて、それがどれくらい自分に合っているのかを確認できることについて述べてきました。こうした実験によって、自分が変化にどう反応したか、そして社会に対して今までの自分とちがうジェンダー表現をしてみてどんな気持ちになったかがわかったと思います。

みんなではありませんが、幸せで健康であるためには自分の体を永久的に変えることが必要だと思う人もいます。そのような手術を、「性別適合手術」と呼びます。

もし永久的に変える決断をするとしたら、いつ、どのようにするか、よく考えたり計画を立てたり、時間をかけたりすることが必要です。例えば、こんなことを考えてみましょう。

・自分の体を変えることは安全だろうか？
・体を変えるためのお金があるだろうか？
・体を変えることで人間関係に影響が出るだろうか？
・人生において、今が変えるのに最適なときだろうか？
・変えることは、自分のメンタルヘルスにどう影響するだろう？
・学校への出席や職場への勤務に影響を与えるだろうか？
・体の健康状態に影響はないだろうか？

これは大きな選択なので、1人で急いで決めることはありません。実際に、以前の医療ガイドラインでは、さまざまな医療処置を受ける前に精神科医の診断を受けることと、実際に処置を受けるまでに1年間待つことが、条件として定められていたのです。

最近ではそのガイドライン*は、すべての人にあてはまるわけではなく、それによって人の感情が損なわれたり傷ついたりしたことがあったため、一部改定されています。実際に、精神科医の診断を受けたり、1年間待ったりしなくても受けられる永久的な処置もありますが、私たちは、あなたが信頼できる人に相談したり、時間をかけてじっくり考えたり、計画を立てることがとても重要だと思います。

それでは、自分のジェンダー表現（セックス〈体の性〉を含む）を変えるためにどんな方法があるのか、できるだけ多くの情報を得る権利があなたにはあります。基本的な情報をここで紹介しましょう。

＊日本では日本精神神経学会が、「性同一性障害に関する診断と治療のガイドライン
　（第4版改）」を出しています。日本での治療は、それに沿っておこなわれます。

思春期前の人

■二次性徴抑制療法

　子どもから大人になる思春期は、体に変化が起こります。思春期の体の変化は、「タナー段階」と呼ばれます。

　医師は、思春期に体に変化を起こす男性化ホルモンや女性化ホルモンの分泌を抑える薬（ホルモン・ブロッカー）を若い人に処方することがあります。例えば、卵巣のある体（卵巣があるので出生時に女性の性をあてがわれた人の体）にホルモン・ブロッカーを投与すると、乳房や腰が発達せず、月経もはじまりません。精巣のある体（精巣があるので出生時に男性の性をあてがわれた人の体）にホルモン・ブロッカーを投与すると、顔のひげや、

大きな筋肉が発達せず、背も伸びず、声変わりもしません。こうした薬が、思春期前のトランスジェンダーの若い人に処方されることがあります。体が自分のアイデンティティとちがう変化を起こさないためです。

　二次性徴抑制ホルモンは、思春期のほんの初期であるタナー段階Ⅱの時期に処方されることがよくあり、皮膚の下の筋肉に注射されるか、1、2年かけて上腕の皮膚の下に埋め込んだ小さな棒状のものによって投与されるものですが、非常に高価で保険適用になることは稀です。

　もしあなたの思春期がはじまっていたら、今どのあたりなのかが右ページの図解からわかります。図を見て、自分の体の変化が今どの段階なのかを見てみましょう。もしタナー段階Ⅱなら、トランスジェンダーの若者のための専門家による処方が可能です。もしタナー段階ⅣかⅤなら、二次性徴によってすでに起きた変化をなくすことはできませんが、さらに二次性徴が進むのを防ぐために処方を勧められることもあります。

＊日本における二次性徴抑制療法は、日本精神神経学会によるガイドライン（55ページ注参照）に沿っておこなわれます。

卵巣のある体

タナー段階	典型的な年齢幅	身体的発達	乳房の発達
I	<10		
II	10〜11.5		
III	11.5〜13		
IV	13〜15		
V	15＋		

精巣のある体

タナー段階	典型的な年齢幅	身体的発達	精巣の容量（ml）
I	<9		3
II	9〜11		4
III	11〜12.5		10
IV	12.5〜14		16
V	14＋		25

思春期を過ぎた人

■より女性的に見えるために

●ひげや体毛の除去：より女性的な外見を望む人は、顔や体の毛を電気分解療法で永久的に、あるいはワックスで一時的に取り除くことがあります。こうした処置にはあまり危険もなく、浸潤性（しんじゅんせい）（まわりにしみるように広がること）もありません（が、痛いかもしれません！）。

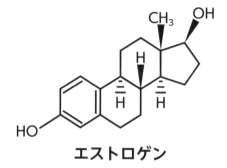

エストロゲン

●女性化ホルモン：いくつかの異なるホルモン剤を一緒に服用すると、「女性化ホルモン」の働きをするものがあります。皮膚を柔らかくしたり、脂肪を再分布して、乳房の発達を促します。精巣（睾丸）が小さくなって、体毛の発育が止まり、筋肉が減少することもあります。気分が不安定になるという人も、そうでない人もいます。こうしたホルモン剤によって、ひげを取り除いたり、声を高くすることはできません。また、ホルモン剤投与をやめるとこれらの変化も止まってしまいますが、乳房の発達のようなものは永久的に残ります。重要なことは、女性化ホルモン剤を服用すると、生殖機能の一部やすべてが失われることがあるということです。妊娠させる機能が弱くなるかもしれません。でもそれは、女性化ホルモンが避妊に役立つということではありません。ホルモン剤を使用しているときに、妊娠した例もあります。

●性器の手術：性器をより女性的にするために手術をする人もいます。「性別適合手術」という言葉を聞いたことがあるかもしれませんね。腟を作る手術は、「造腟術」（ぞうちつじゅつ）と呼ばれています。こうした手術は通常、望みにかなった外見を得るためにおこなわれます。しかし、どんな手術にも危険がともないます。術後の回復にも時間がかかります。

●形成外科：顔や体をより女性的にするためにはさまざまな方法があります。豊胸手術（ほうきょうしゅじゅつ）や、のどぼとけを小さくする手術（甲状軟骨形成術）（こうじょうなんこつけいせいじゅつ）などがあります。

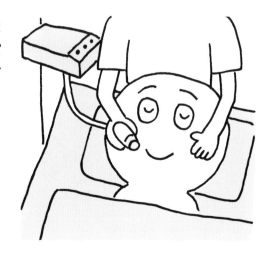

■より男性的に見えるために

●**男性化ホルモン**：主な男性化ホルモンには、テストステロン（「T」や「テスト」とも呼ばれます）があります。テストステロンを服用すると、より筋肉質になって、ひげや体毛が生え、声が低くなります。体の脂肪の分布が変わり、月経が止まり、クリトリス（性器の一部）が大きくなります。テストステロンによって乳房がなくなることはなく、ペニスが育つこともありません。テストステロンの服用をやめても、声やクリトリスやひげはそのままですが、ほかの特徴が変わることもあります。テス

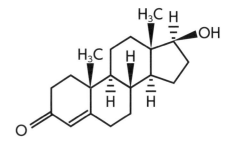

テストステロン

トステロンを使うと生殖機能が衰えるかもしれないことを知っておくことが重要です。妊娠しにくくなることがありますが、常にそうとは限りません。テストステロンを使っていても妊娠することがあるので、決して、避妊薬と考えてはいけません。性行為をする人は、きちんとした避妊方法を用いるようにしましょう。テストステロンを使っているときに妊娠しないようにすることは、とても重要です。テストステロンは、お腹の中の赤ちゃんの成長に影響を与えるからです。一方、テストステロンをやめた後で健康な妊娠をしたトランスジェンダーの男性もいます。

●**胸の手術**：より男性的な胸を得るための手術をする人もいます。「乳房切除術（にゅうぼうせつじょじゅつ）」と呼ぶこともあります。こうした手術で、望んだ外見を手に入れることに成功しますが、手術の跡は永久的に残ります。また、この処置も高価で、回復に時間がかかります。

●**性器の手術**：性器をより男性的に見えるように手術をする人もいます。「陰茎形成術（いんけいけいせいじゅつ）」と呼ぶこともあります。いくつもの手術法があって、外見や副作用が異なります。現在おこなわれている手術では、外見はペニスとして作ることができますが、機能させるところまではいきません。性器を伸ばして、よりペニスのような外見を作ったり、立ったまま放尿することができるようにする手術もあります。どんな手術にもリスクがともないます。またこうした処置は、高価で、回復に長い時間がかかります。

医療的な処置を考えている人へ

　医療的な処置が話題になることが多いので、自分のジェンダーが周囲の友だちのジェンダーとちがっていると気づいた若い人たちは、自分には医療的処置しか方法がないと思い込んでしまうことがありますが、私たちはそのようには考えていません。私たちが出会ってきた多くの若者は、医療的処置をせずに、自分のジェンダーを認識して、それをパーフェクトに表現しています！　ホルモン療法やそのほかの処置が、あなたをより「本物の」男性や女性に近づけるわけではありません。次の人たちの話を読んでみましょう。

　18歳のルチアは、女の子として育てられました。でも大学に入ってから、男性的なジェンダー表現をより好むことに気づきました。そして、ルチアと同じように感じ、名前や人称代名詞を変えたり、ホルモン療法をしたりしている人たちに相談しはじめました。ルチアは、その人たちと同じようにしなくてはならないと思っていましたが、ある日、ラグビーチームで自分を「男性的」だと自認している女性と出会って考えが変わりました。別にホルモン療法や手術をしなくても、スポーティな男っぽい服装が着られないわけでも、女性と交際ができないわけでもないのだと、気づいたのです。そしてルチアは、いっそう男性的な服装をするようになりました。

　ジェイクも女の子として育ち、いつも自分は「おてんば」だと思っていました。あるとき、ジェイクはトランスジェンダーについて知りました。いろいろな実験をしたり、専門家や家族と相談して、運転免許証の名前と性別を変える決心をしました。はじめは、筋肉を大きくするためにテストステロンを服用しようと思いましたが、ジェイクは歌を歌うので、声は変えたくありませんでした。ひげも生やしたいとは思いませんでした。いつの日か胸の手術だけはしたくなるかもしれないと思いますが、今はそんなお金はありません。その代わりにスポーツブラをつけて胸を小さく見せるようにしています。ほとんどの友だちが、ジェイクを男性として受け入れてくれることを、ジェイクはうれしく思っています。

　一方、違和感をなくすためには、ホルモン療法や手術が必要だと思う人もいます。どのような医療処置を、いつ、どのようにするのかは大きな決断です。どの処置にも、料金、リスク、結果、回復にかかる時間、外科医や処置をする人が近くにいるかなど考えなくてはならないことがあります。トランスジェンダーの人や、とくに若い人のための新しい医療処置の方法がどんどん進歩しています。医療処置を考えている人は、現在どんな方法があるのかをじっくり調べたり、専門の医師や外科医に相談したりすることをおすすめします。また、考えをまとめる助けが必要なら、トランスジェンダーのセラピーの経験が豊富な精神科医や心理士（カウンセラー）に相談することもよいでしょう。

ゃってみよう！　あなたの体、あなたのジェンダー

　ここまで、ジェンダー表現やどんなジェンダー移行の選択肢があるのかなど、多くの情報を紹介してきました。たくさんの選択肢があると、どれが自分に適しているかわからないという人が多いでしょう。ジェンダーについてもっと自分に問いかけてみましょう！

●まずは、自分の理想の体を想像してみましょう。それはどんな外見なのか、絵に描いてみたり、雑誌、新聞、ネットの絵や写真を切り抜いてコラージュをつくってみましょう。

あなたの今の体は、理想の体とちがいますか？

　あなたの答えは、きっと"はい"ですよね？　なぜわかったかって？　あなたがこの本を読んでいるからでしょうか？　いいえ、そうではありません。世界中のほとんどの人が、自分の体のどこかを変えたいと願っているからです。体重や身長、鼻の形、皮膚の色、髪のタイプ、毛深さ、歯並びなど……。
　ジェンダーに関係があることも、ないこともあります。永久的なものも、そうでないものもあるでしょう。変えることが可能なものも、残念ながらそうでないものもあります。

●あなたが描いた絵を見て、今の体がどう変われば理想的だと思うかを書いてみましょう。

_____

_____

_____

_____

●それを読むと、どんな気持ちになりますか？

_____

_____

_____

_____

1人じゃないことを忘れないで

　変化について空想するのはよい気分ですが、なかなか変えられないことや、絶対不可能だとわかっていることがあると、悲しくなったり、挫折したり、落胆したり、あまり愉快でない感情が起きるかもしれませんね。そんな気持ちになったとき、あなたは1人ではないということを思い出してください。著者の私たちもみんな、自分の体について同じ気持ちになりました。そんな気持ちになっても、今の私たちは幸せで健康です。あなたも同じようになれると確信しています。

永久的な移行を考えているのなら

さて、永久的に体を変えたいと決断したら、どうすればいいのでしょう？
大きな質問の答えはとても長いのです。さっそく説明しましょう。

　第一に、医療的処置を考えている人は、トランスジェンダーやジェンダー・エクスパンシブ（Ｘジェンダーなど）の若者の治療の経験が豊富な医師と話すことを強くおすすめします。どんな医療的処置があなたの選択としてあるのか、信頼できる最新の医療情報を与えてもらえます。近くにそういう人がいるかどうか、どう探したらよいかがわからなければ、ネットで調べてみましょう。

　もしできれば、トランスジェンダーやジェンダー・エクスパンシブ（Ｘジェンダーなど）の若者のセラピー経験が豊富なセラピスト（療法士）にも相談してほしいのです。あなたがさまざまな選択の長所と短所、危険と利点をしっかり考える大きな助けになってくれます。また、セラピストに相談したことによって、医療処置をしてくれる医師を紹介してもらえる場合もあるでしょう。そういうセラピストが近くにいるかどうか、どう探せばよいかがわからなければ、171ページの相談先リストを参考にしてください。

　最後に、あなた自身も、興味のある選択について情報を集めるとよいと思います。いろいろなところから情報を得ることができます。例えば、ネット、本、映画、ほかのトランスジェンダーの人からの話など。

　しかし（声を大にして言います！）次のことを必ず頭に入れておいてください。

・ホルモン療法や手術でできること、できないことには多くの誤解や誤りがあります。真実ではないことを信じている人がたくさんいます。
・個人によって体験はちがいます。
・ホルモン療法や手術を受けるようにすすめたり、ときには圧力をかけてくる人もいるでしょう。よかれと思っているのかもしれませんが、ほかの人の意図によって決めることは絶対にしてはならないことです！　だって、あなたの体で生きていかなくてはならないのは、ほかのだれでもない、あなた自身なのですから。
・あなたを騙したり、詐欺行為をする人がいるかもしれません。例えば、医師の処方箋がいらないハーブ（薬草・薬物）やサプリメントで、望むような結果が得られるといって近寄ってくる人がいたら用心しましょう。お金だけでなく、健康まで損なってしまうかもしれません。
・処方箋がなくてもホルモン剤を入手できるという人がいて気持ちが動いても、決して信じてはいけません。ホルモン剤はとても複雑で強力なものです。医師の診療を定期的に受けて、自分に適した分量を摂っているかどうかをしっかり見てもらうことが大変重要です。ホルモン剤には副作用があって、特定の健康状態にある人にとっては、危険な場合もあります。

ハーブ（薬草・薬物）やサプリメント同様に、ネットで購入したホルモン剤は、危険な化学物質で汚染されているかもしれないし、あなたが望んだ成分が含まれていないことさえあるのです。

最後に

　多くの医師やセラピスト、そして親は、少なくとも子どもが18歳になるまで待ってから、ホルモン療法や手術のような医療的措置をするかどうかを決めてほしいと考えています。すぐにでも移行をしたいと思う人にとっては、これは残酷なほど長く感じるかもしれませんね。

　あなたが、少しでも早く移行したいとじりじりしているのなら、次のことを考えてみてはどうでしょう。

・医師によっては、若い人が医療的処置を早くおこなうことに反対しない人もいます。その場合でも、親が理解して支えてくれていること、金銭的に無理がないこと、あるいは保険が適用されることなどが通常の条件となります。

・じりじりしながら待っているのは、あなた1人ではありません。ほとんどのトランスジェンダーの人は、永久的な移行をするのに長い時間待たなくてはならないのです。しかし、最近すこし状況が変わってきました。第8章で紹介する方法を使って、困難な待ち時間を乗り越えてください。

・支えてくれる人を見つけましょう。同じ経験をしている人を知っていれば、つらいことに対処することが楽になるでしょう。地域やネットのサポートグループを見つけましょう。

・待っている間は、ゴールに達成するための計画を立ててみましょう。例えば、手術代を貯金したり、用意ができたときのためにさまざまな選択についての情報を集めましょう。

・待っている間に、よりよい医療的処置が開発されるかもしれません。ここ数年の間に、手術の技術が向上し、ホルモン療法や移行についての情報も得やすくなってきました。少しの間待つことが、かえってよい結果につながるかもしれないのです。

・体にどんなことが起きても、あなたの内側の"本当のあなた"はなにも変わりません。あなたのジェンダー・アイデンティティは、だれがなんと言おうと、あなただけのものだということをお忘れなく。

この章のまとめ

　この章を読んで、もっとジェンダー実験をしてみたいと思った人は、ぜひ試してください！ 自分に合ったペースでおこなえばいいのです。ジェンダー実験の日記をつけてもいいでしょう。

　「やってみよう！　はじめてのジェンダー実験を計画しよう」（45 ページ）、「やってみよう！ 水をチェックしてみよう」（49 ページ）、「やってみよう！　あなたのジェンダー実験」（52 ページ）などの質問事項を参考にしながらプランを立ててみましょう。

　そして、もし永久的な移行をしたいと思ったら、何度もお伝えしてきたように、ゴールに達する方法について医師やセラピスト（療法士）に必ず相談するようにしましょう。

＊他国と日本では医療制度などが異なります。171 ページの相談機関などを参照してください。

第3章

家族との関係を
探求しよう

　ジェンダー・アイデンティティとジェンダー表現を探求していくと、ジェンダーは自分についての個人的なことであると同時に、人間関係にも影響を及ぼすことがわかってくるでしょう。

　家族との関係は、(よくも悪くも) もっとも長く続く大切な関係の1つです。通常、家族とは、両親、きょうだい、親戚などを指します。ジェンダー・アイデンティティやジェンダー表現にかかわらず、家族に愛され支えられるのが理想ですが、いつもそうとは限りません。ジェンダーの定義が複雑であるように、家族との関係も複雑で、いつも家族が幸せそうに手をつなぎ合っているとは限りません (四六時中、家族と手をつないで歩き回ったりしたくはありませんけどね!)。

　多くの場合、家族はある部分では協力的であっても、ある部分ではそうでないことがあります。例えば、ある人は、家族のだれよりも騒々しくて社交的ですが、ほかの部分では家族としっくりいかないといいます。また、ある男性は男性と付き合っていることを両親が嫌がるので、ボーイフレンドを家へ呼べないといいます。

　あなたのジェンダー・アイデンティティやジェンダー表現と、家族のジェンダー観とがどの程度合っているかによって、「ジェンダーについて家族と話すべきかな?」「自分のジェンダーを家族に理解してもらおうなんてとても無理!」と悩むかもしれません。

一言で言えば

　あなたは、だれにもなにもいう必要はありません。自分にとって、ベストな決断をすることが大切なのです。自分のジェンダーについて感じていることのすべてをカミングアウトして家族に話す人もいますし、今はまだそのときではないと思う人、家族の中の特定の人だけに、ある程度のことを話そうという人、ジェンダーについては家族のだれにもいわないという人もいます。この章では、それをどのようにして決めればよいのか、そしてどう話せばよいのかについて考えていきます。

　あなたのジェンダーを家族にもっと理解してもらうことは、たしかに可能でしょう。でも、家族の考えや気持ちは、あなたにはコントロールできません。それでも役立つ方法や作戦はあります。章の終わりの方でそれについてもお話ししましょう。

自分のジェンダーについて家族と共有する

　周囲から見たジェンダーと自分のジェンダーがちがう場合、周囲の人にカミングアウトして話すという人もいます。また、周囲から見たジェンダーと自分のジェンダーが同じであっても、ジェンダー表現を変えたいと思う場合には、そのことを告げるべきだというプレッシャーを感じる人もいるでしょう。ジェンダークエストにおいて、もっとも困難なのは、家族とこうした会話をすることかもしれません。でもじつは、話さなくてはと考えている時が一番こわいのです。ジェットコースターが、1つ目の坂を下りる直前が一番恐怖なのと似ていますね。

　カミングアウト（ジェットコースターが急降下）する前に心配になるのは、どんなことでしょう？　拒絶されたら、叩かれたら、家族との関係が壊れたら、尊重されなくなったら、家から追い出されたら、笑われたら、頭がおかしいんじゃないと言われたら、などと不安になるかもしれません。トランスジェンダーやジェンダー・エクスパンシブ（Xジェンダーなど）の人の中には実際にこうした経験をした人がいるので、こんな不安があるのも無理はありません。

　でも、そうではない人もたくさんいるのです。カミングアウトによって、家族との関係をある程度調整しなくてはならないとしても、関係を失ってしまうわけではありません。ポジティブな変化が起きることも、家族とより正直で親密な関係が築けることもあるのです。

　このようにさまざまな反応がありますが、自分の家族の反応は、どうすればわかるのでしょうか？

家族の偏見のあるなしについて

　アミナは、長い間、自分の性別に違和感を抱いていて、最近、自分はトランスジェンダーなのだと気づきました。そして、社会的に女性に移行したいと思いましたが、家族はまだそのことを知りません。家族はアミナが男の子であると信じているし、アミナがたんに落ち込んでいるだけだと思っています。アミナはまだ小さいころ、お母さんの服を着てハイヒールをはいて、叱られたことを思い出しました。両親に、男の子はそんなことをするものではないし、それは異常なことだとはっきり言われました。それ以来、アミナは女性的な気持ちや表現を親から隠してきたのです。それから何年経っても、アミナは両親のその時のリアクションが忘れられません。トランスジェンダーだと伝えたら、一体どんな反応をされるのだろうかと心配でならないのです。

　信念、価値観、感情といったものは家族によってちがうので、あなたのジェンダー・アイデンティティやジェンダー表現に対する反応も、それぞれちがっているでしょう。あなたの家族がどれほど理解を示すか、少し考えてみましょう。今現在、あなたの家族がそれほど理解を示さなくても、変わることもあるのです。私たちも、多様なジェンダー・アイデンティティとジェンダー表現について学んだり、理解したりするのに時間がかかりました。ジェンダークエストをして、いろいろな考えや疑問や複雑な気持ちも起きました。ですから、家族にも学んだり調整したりする時間が必要なのです。

やってみよう！　家族の態度を調べてみよう

　次の質問について答えを書きましょう。

●あなたの身近な家族はだれですか？

●同じ家族の中にも、あることについての感情や態度がまるでちがう人がいます。国籍、宗教、障がい、社会的地位などの多様性についての気持ちや態度を、家族の一人ひとりについて見ていきましょう。家族一人ひとりが、こうした多様性に関してどんな反応をするかを考えて書きましょう。

●家族一人ひとりの、LGBTQ の人への反応はどうでしょう？　あなたは家族から、これまでにどんなメッセージを受けましたか？

●とくに、トランスジェンダーやジェンダー・エクスパンシブ（X ジェンダーなど）の人に対してはどうでしょう？

●ジェンダーの多様性については、人によって知識の深さがちがうことがよくあります。一人ひとりの家族について、どのくらいの知識があると思うかを書いてみましょう。

家族のプレッシャー

　私たち自身のジェンダー観や行動も、外からの影響を受けてきました。それは家族にとっても同じです！同じ家族でも、受ける影響によって、さまざまな方向へ引っ張られていくことは、あなたにも想像がつくでしょう。

　ある母親は、17歳の娘がじつは自分を男の子だと感じていて、トランスジェンダーだと認識していたことをたった今知りました。いろいろな感情が沸き起こってとても混乱しています。母親はリベラルな民主党支持者で、アフリカ系アメリカ人で、キリスト教バプテスト教会牧師の娘です。すべての人の平等を信じるリベラルな部分では、子どもをすんなり、ありのまま受け入れるべきだと考えます。しかし、バプテスト教会牧師の父親に育てられた部分では、トランスジェンダーが果たして正しいことなのか、神様がまちがうはずなどないと信じています。それに、アフリカ系アメリカ人の友人やコミュニティに知れると、どう思われるかも心配です。彼女は子どもを愛していますが、同時に、このことを受け入れられるかどうか困惑しています。

＊宗教や人種・民族コミュニティによっては、偏見・差別が強い場合があります。

●家族一人ひとりが、ジェンダーの多様性についてどう考えているか、その考えに与えているさまざまな影響について書いてみましょう。

_____

_____

_____

_____

_____

_____

_____

_____

_____

_____

考え方は、時間とともに変わる

　このように考えると、家族がジェンダーの多様性について、どれほど自由な考えをもっているかがわかりやすくなるでしょう。たいていの場合、家族の考え方は100％ネガティブでも、100％ポジティブでもなく、どこかその中間といったところのようです。

　考え方、信念、知識というものは、時間が経つにつれて変わっていくものです。実際、私たちの考えは思ったよりもずっと変わりやすいという調査もあります。例えば、だれかに恋して夢中になっていたのに、次の週にはすっかり冷めてしまったという人が、あなたの周りにもいませんか？（あなた自身はどうですか!?）

　それが、人間の考えや感情というものなのです。考えや感情は、思ったよりずっと変わりやすいのです。

　家族のジェンダーの多様性に対する考え方が変わるかもしれないというのは、いいことだといえます。月日が経つにつれて、家族の態度がよりポジティブになっていったという人が多いのです。二歩進んで一歩下がるというように、ジグザグに進んでいくこともあります。嫌になるほどゆっくりしか進まないこともあれば、思ったより早く考えが変わることもあるでしょう。それには先に述べたような多くの要素がかかわっているのです。

家族との会話

　まず、大切なことからはじめましょう。家族にあなたのジェンダーを告げたことで危険を感じたら、すぐに「一時ストップ」ボタンを押して、考え直したり、計画を立てたり、信頼できる大人に相談したりするとよいでしょう。すぐにカミングアウトするのがよい方法ではないこともあります（例えば、暴力をふるわれたり、家を追い出されたり、深刻な危険にさらされたりすることもあります）。

　大きくなって自立できるようになるまで、家族にカミングアウトするのを待つという人もいます。また、安全にカミングアウトできるのはいつなのか、信頼できる大人に相談して、計画を立てる人もいます。家族の人たちといつ・どのようにして、ジェンダーの話をすればいいかを決めるのは、あなた次第なのです。

　家族と話す前にもっとじっくり考えたいと思ったら、どこからはじめればいいでしょうか？カミングアウトは、あなたの人生にかかわるいろいろな人たちに告げるプロセスです。一人ひとりに話すのではなくて、「メガホンをつかってみんなに一斉に告げられないの？」と思うかもしれませんね。でも実際は、家族の一人ひとりとどう話せばいいかを考えてみる方がよいのです。

　サンビは長い間、自分のジェンダー・アイデンティティについて、家族にいつ・どのように話そうかと、悩んできました。とくに、お父さんはLGBTQの人によい印象をもっていないので、腹を立てるのではないかと心配です。でも、お父さんに正直に感情を伝えることで、もっと深い絆を築くことができるかもしれないとも思っています。それに、お父さんは腹を立てたとしても、お母さんと話してくれれば、きっとお母さんの考えを受け入れるのではないかとも思います。サンビのいとこが、ゲイだとカミングアウトしたときもそうでした。お父さんは、はじめは否定的でしたが、お母さんと話をしてから、なにも言わなくなりました。サンビのお母さんはいとこを応援しています。まずお母さんに話すべきかどうか、迷っています。

まずはだれに話そうか？

こんな質問を自分にしてみましょう。

●自分のジェンダーについて話したら、家族の中で一番理解してくれるのはだれだろう？

●自分がまだ話したくないと思う家族に、あなたのことをしゃべってしまうのはだれだろう？

●早めに伝えたいのは家族の中のだれだろう？　なぜそう思うのだろう？

●まだ絶対に話したくないと思う家族はだれだろう？　それはなぜだろう？

"こう話すべき" といったルールはない

　このように自問してみると、どこからはじめればいいかがわかるかもしれません。一人ずつに話しても、家族全員に一度に話してもいいのです。自分にとって、そして自分と家族との関係にとって、一番よいと思う方法でどうすればよいかを決めればいいのです。

やってみよう! **ジェンダーについて家族と話す準備をしよう**

　あなたが話したいと思う家族一人ひとりについて、次のことを考えてみましょう。

●あなたと、あなたのジェンダー・アイデンティティとジェンダー表現について、その人に、ズバリ、なにをわかってもらいたいと思いますか？

●それを理解してもらうために、どんな言葉やアプローチが適していますか？

●その人の心配や混乱の原因になるのは、どんなことでしょうか？　それが予測できれば役に立つと思います。

●その人の心配や混乱について、その人になにか伝えられることはありませんか？

●その人との話し合いがベストな結果になるとしたら、それはどんなことでしょう？

●その人との話し合いが最悪の結果になるとしたら、それはどんなことでしょう？

パーフェクトな話し方って？

　あなたのジェンダーをより理解してもらうために家族と話すときは、パーフェクトな話し方をしなくてはならないと思うかもしれませんが、それではプレッシャーが大きすぎます。答えのわからない質問をされたり、いやな反応をされたり、わかってもらおうとしたことが伝わらなかったりしてもかまわないのです。

　あなたはこれまで勇敢にジェンダークエストをしてきましたが、あなたがみんなのためにジェンダーの先生になる必要はありません！　話を途中でやめて、また別の機会に話そうと言ってもいいのです。それまでに、家族が自分で調べられるように情報源を知らせておくのもよい方法です（本書の171ページの情報リストを参考にしてください）。勇気を出して家族と話そうとしたことを誇りに思って、自分をほめましょう。

受け入れられるまでのデコボコ道

　家族にジェンダーのことを話そうとするとき、拒絶されたり、家から追い出されたり、病気だとか頭がおかしいのではないかと言われたりと、最悪の事態を想像しがちです。でも実際は、それほどの大惨事にはならないことが多いのです。とてもうまくいくこともあります。「最善を望み、最悪に備えよ」というイギリスのことわざにあるように、デコボコ道を少しでもスムーズに通れるように、起こりうる困難について考えておきましょう。

やってみよう！　将来を予測しよう

●あなたが書いた最悪のケースについて、必要に応じて助けてくれる人や団体のリストを作りましょう（友だち、LGBTQ の人、ネットで知り合った LGBTQ の人、学校の職員、セラピスト〈療法士〉など）。

　

　

●最悪のケースが起きた場合、どうすれば感情面でも身体面でも安全を守ることができますか？（例えば、ジェンダー・アイデンティティを手紙で知らせたり、周りに人がいるところで伝えたり、カミングアウトしたあと必要なら逃げられる場所を確保しておくことなど）

●あなたは食べものや住むところについて、家族にどの程度頼っていますか？　しばらくこうした支援を家族から受けられなくなったとしたら、助けてくれるのはだれでしょう？

●あなたは感情的に、例えば自信や希望をもつことについて、どれほど家族に支えられていますか？　もし家族のだれかが、あなたのジェンダー・アイデンティティをなかなか受け入れてくれないようなら、だれに助けてもらえばよいでしょう？

●家族と話したことによって、身に危険が及ぶ可能性はありますか？　その場合、安全を保つために、どんな計画を立てたり、だれに助けてもらうようにしますか？

家族以外のサポーターはいる？

家族を頼りにしている人はたくさんいますよね。でも、家族があなたの言葉を理解して整理できるようになるまで、家族以外からもサポートを受けられるようにしておくとよいでしょう。家族がすっかり受け入れてくれたとしても、外にもサポートがあるのはうれしいボーナスです。

●困難なことが起きたら、どうすればいいでしょうか？　だれに頼ればいいでしょう？

●家族にジェンダーのことを話すときには、たくさんのエネルギーと勇気がいります。そのこと自体はすばらしいことです！　家族との話がうまくいってもいかなくても、あなたは話したことを祝うべきです。どのようにお祝いしましょうか？

どうしても困ったときは？

　忘れないでほしいのは、あなたがジェンダークエストをはじめるまで抱いていたのと同じような堅苦しいジェンダー観を、家族ももっているだろうということです。ですから、家族が自分たちのジェンダー観に合わないことを理解したり、あなたのジェンダーを受け入れたりするには、やはり時間が必要なのです。家族がとっさに見せた反応も、時間がたてばきっと変わってくるでしょう。

　家族にとっても時間が必要なことはわかるけど、やっぱりネガティブなことを言われたり、嫌な態度を取られたりするのは、つらいものです！　たとえ家族がまだ困惑しているような初期段階であっても、家族以外の人から助けてもらったり、第8章で紹介する「つらい問題を乗り越えるヒント」を使えば、あなたは、きっと大丈夫です。

　家族の態度に辛抱し続けるのが、正しい選択ではない場合もあります。あなたにそんなことがないことを願っていますが、もし家族が暴力を振るうようなら、すぐに行動を起こさなくてはなりません！　学校の先生やカウンセラー、セラピスト（療法士）、医師、警察といった人たちになにが起きているかを話しましょう。きっとあなたの安全を守る方法を教えてくれるにちがいありません。

あなたが家族に期待することを伝えよう

　エイデンは、お母さんが1階から「ニコール、ご飯よ、降りてきなさい！」と呼ぶのを聞いて縮み上がりました。自分のジェンダーについての気持ちをお母さんに告げたばかりです。女の子だと思われる体で生まれたけれど、本当は男の子なのです。

　お母さんは、エイデンの服装が男っぽくなってきたことに気づいて、もっと女らしい格好をしなさいと言います。お母さんがエイデンの服装の話をするときは、いつも"ニコール"と言う女の子の名前で呼びかけ、「なんてかわいい女の子でしょう！」と言います。それを聞くたびにエイデンは叫び出したくなるのです！　お母さんが本当の自分を理解して、娘としてではなく、息子として愛してくれることをエイデンは願っています。

　先にも述べたように、家族もあなたのジェンダーについて学んだり、気持ちを整理したりする時間が必要なのです。でも、そんな時にも、あなたの気持ちは大切にしなくてはなりません！

やってみよう！　あなたの必要なものはなんだろう？

●家族が気持ちを整理している間でも、家族にどんなことをしてもらえれば、あなたは安心して大切にされていると思えますか？

あなたを傷つけることが起きたら

　家族がたとえジェンダーの多様性という「考え」を受け入れることができても、これまでとちがう行動がなかなか取れないことがあります。

　例えば、新しい名前であなたを呼んだり、「彼」と「彼女」を言い換えたり、服装や髪型にネガティブな反応をしないようにしたり、ということで苦労するかもしれません。悪気がなくても、あなたを傷つけるようなことをしたり、言ったりすることもあるでしょう。そうした言動があなたをどんな気持ちにしているか、家族と話し合うとよいのです。

　例えば、生まれた時の名前や、人称代名詞で呼ばれるとどんな気持ちになるかを伝えれば、家族は変える努力をしてくれるかもしれません。でも、自分にはそんなことは言えないと思ったら、家族セラピーを受けるという選択もあります。あなたや家族にとってもっとも効果があるように、トランスジェンダーやジェンダー・エクスパンシブ（X ジェンダーなど）の人のセラピー経験の豊富なセラピストを見つけましょう。

この章のまとめ

　自分のジェンダーについて家族と話す準備をしたり、実際に話したりするのは、こわかったり、ワクワクしたり、ストレスに感じたり、すばらしかったり、困難だったり、パワフルだったり、疲れたり、大きな安心感だったり……、それらすべての感情が一度に押し寄せたりするものです。家族と話そうと考えていたり、その準備をしようとしたりしている人は、まず自分のエネルギーと勇気を誇りに思うべきです！　それから、家族の中でも外でも、あなたを支えてくれる人に相談することをを決して忘れないようにしてください！

第4章

学校や職場での
あり方を探求しよう

　周囲の期待とあなたのジェンダーがちがっていると、学校や職場で困難な状況が生じることがあります。ジェンダー表現のちがう人が学校や職場で、いじめや差別にあったという例もあります。ジェンダーをどう表現するかを考えるときには、どんな困難をどう乗り越えればよいかも考えておきましょう。

自分の権利を守ろう

アリヤは、里親にトランスジェンダーであることを告げて、この1年で女性への社会的移行（女性として社会生活を送ること）をはじめました。2カ月後に学校がはじまったら、新しい高校には女の子として通いたいと思っています。里親も理解してくれていますが、アリヤの女性としてのアイデンティティをすっかり受け入れることにまだ苦労していて、今でもアリヤを出生時の男の子の名前で呼ぶことがあります。学校に行ったらどうなるのだろう、とアリヤは不安です。里親もまだアリヤをしっかり支える用意はできていないようです。疑問に思うこともたくさんあって、どこからはじめたらいいのかわかりません。先生たちは自分をアリヤと呼んでくれるだろうか？　いじめられないだろうか？　どのトイレを使えばいいのだろう？　こうしたことはだれに聞けばいいのだろう？

学校や職場で受け入れられるかどうかを心配する人もいますが、なにも問題のない人もいます。いずれの場合でも、自己主張の仕方を知っておくのはよいことです。

若者やエスニック・マイノリティ、障がいのある人、トランスジェンダーやジェンダー・エクスパンシブ（Xジェンダーなど）の人など、社会的に軽んじられる人たちが、考えを主張するには、より多くのハードルを乗り越えなくてはなりません。不公平ですが、現実なのです。

マイノリティの立場の考えを、自分一人だけで、権力者たち（学校や大学の運営者、職場の上司など）に聞いてもらったり尊重してもらったりするのはなかなかむずかしいことかもしれません。でも、その人たちとのコミュニケーションをサポートしてくれる友だちや大人が一緒にいてくれると、自己主張しやすくなります。そして、ほかの人たちがあなたの考えに同調して声を上げてくれれば、拡声器のように声が大きくなって、より多くの人に届くのです。

中学校と高校では

　親や保護者が、あなたが学校と話し合うときのもっとも心強いサポーターになるという人もいます。あなたの必要としていることを理解して支えてくれる親が、あなたの意見や考えを学校の先生に伝えてくれれば、しっかり伝わるでしょう。でも、親には話しづらいという人や、親が支えてくれないと思う人もいるでしょう。心配ありません、あなたの声を伝える方法はほかにもあります。

　家族以外のサポートが必要なら、学校にLGBTQを支援するグループがあれば入会しましょう。同じ立場の生徒に助けてもらったり、グループの顧問をしている先生と出会えるでしょう。グループの先生は学校での、重要なサポートと情報源になってくれます。

　もし学校にそういったグループがなければ、あなたの考えを理解してくれる、協力的でジェンダーに理解を示す先生やカウンセラーがいないかどうか、いつもアンテナをはり巡らせて探してみましょう。

　例えば、レインボーグッズを身につけていたり、「SAFE ZONE（安全な場所）」というステッカーを貼っていたり、性的指向や性自認についてクラスで話し合いをさせる先生はいませんか？校内であなたの権利を擁護する助けをしてくれる人がいなければ、学校外で理解のあるセラピストや団体を探しましょう。あなたのニーズを理解してくれる人と出会えるように、地域社会にセラピストやLGBTQの若者のためのセンターがないかネットで探してみましょう。

大学で

　大学のキャンパスには、あなたの権利を擁護する支えとなる人と出会えるLGBTQのサークルがあるかもしれません。また、学生支援サービス課に連絡してみるのも役に立つかもしれません。入学する前でもいいのです。こうした支援サービス課で働く人たちは、すべての学生の個人的なニーズに合った支援をしてくれるためにいるのです。

　キャンパスでジェンダーに関するどんな困難があるのか、そしてあなたが大学生活に適応できるためにどんな情報があるのかを、スタッフの人たちが教えてくれるでしょう。ほかのトランスジェンダーやジェンダー・エクスパンシブ（Xジェンダーなど）やLGBTQの学生たちと出会う方法を提案してくれたり、あなたが大学のコミュニティになじめるように支えてくれることでしょう。

職場で

　職場でも、あなたの権利が守られるように助けてくれる適切な人が見つかると、大きな手助けになります。会社で働く人たちの待遇に関する方向性や要求を決めるのは、上司や人事課の人たちです。まず、あなたのニーズや不安に思うことについて、上司と話し合うとよいでしょう。もし上司から支援が受けられなかったり、助けてくれそうもなければ、人事課の人に話してみましょう。

　トランスジェンダーの問題について会社に理解してもらえるように、前もって準備をする必要があるかもしれません。上司や人事課に支援してもらえれば、大きな強みとなります。職場で会社としての立場が明確に示されれば、ほかの従業員たちもそれに従うでしょう。従業員同士の対話にも大きな影響力があることを忘れてはなりません。職場の仲間にアライ（LGBTQ ではないが自分の問題としてともに取り組む人）になってくれる人がいないか探してみましょう。また、LGBTQ のサークルなどで、それぞれの職場の様子を尋ねてみるのもいいでしょう。

やってみよう！ 　権利を守る手助けをしてくれる人はだれだろう

●学校や職場で、ジェンダーの問題に対処するのを助けてくれる、指導的な立場にある人はだれでしょう？

●学校や職場以外のところで、あなたの権利を支えてくれる人はだれですか？

●学校の友だちや職場の同僚で、あなたを助けてくれる人はいますか？

話し合い、伝える

　権利を守る手助けをしてくれる人がだれなのかがわかったら、あなたの現状やニーズ、そしてその人たちにどう助けてほしいのかなどを話し合いましょう。

　相手にもよりますが、とても話しやすい人、とても話しにくい人、その中間の人など、さまざまでしょう。それでも、自分がだれになにを伝えたいかを整理しておくと、必ず役に立ちます。

●支えてくれそうな人の名前を１人ずつ書いて、その下にあなたがその人になにを伝えることが重要なのかを書きましょう（３人分のスペースしかありませんが、もちろんそれ以上について書いてもかまいません）。

名前①：＿＿＿＿＿＿＿＿＿＿＿＿＿＿＿＿＿
あなたの状況について、どんなことをその人に知ってほしいですか？

その人に、どのように助けてほしいと思いますか？　どんな支援が必要でしょう？（どんな支援が必要かがまだわからなければ、その人と一緒になにができるか案を出し合って話し合ってみましょう）

名前②：＿＿＿＿＿＿＿＿＿＿＿＿＿＿＿＿＿
あなたの状況について、どんなことをその人に知ってほしいですか？

その人に、どのように助けてほしいと思いますか？

名前③： _____
あなたの状況について、どんなことをその人に知ってほしいですか？

その人に、どのように助けてほしいと思いますか？

権利を守るために自己主張するためのヒント

●下調べをしましょう

まず、自分の住んでいる地域のルールや、学校や職場の方針を知っておきましょう。職場や学校のトランスジェンダーやLGBTQの人たちを助ける団体の情報を得ましょう（171ページ参照）。こうした団体から、さらに役立つヒントや、権利についての情報を得ることができます。

あなたと同じ立場のほかの学生や従業員についても調べてみましょう。

●自分の考えを整理しましょう

あなたのニーズを理解してくれるかどうかまだわからない相手と話すときには、自己防衛、怒り、恐れなどの気持ちが起きるかもしれません。でも相手にどうアプローチするかで大きなちがいが出ます。できるだけ、敬意をもって、落ち着いて、はっきりと自分の必要なことについて言いましょう。

●具体的に話しましょう

支えてくれる人になにを頼みたいのかをはっきりさせておくことが大切です。

例えば、もし特定のトイレを使えるようにしてほしいのなら、その理由や、同じ立場のほかの学生や従業員の場合はどうであったかということも、伝えましょう。もし、いじめやハラスメントを受けているのなら、あなたがどんな攻撃を受けているのかを説明し、学校や職場にどうしてほしいのか、あなたの要求が学校や職場の規則に沿ったものであることなども話しましょう。

●情報を提供しましょう

トランスジェンダーの課題について、よく知らない人がいます。あなたを助けたいけど、どうしてよいかわからないという人には、関連書籍やウェブサイトやそのほかの情報を提供しましょう。

●冷静さを保ちましょう

悪気のない人でも、つい口が滑って間違った人称代名詞を使ったり、失礼だと思うような質問をしたり、ただ単に無知で無作法なことを言ってしまうことがあるかもしれません。そんなときでも冷静でいましょう。あなたにとって必要な支援を求める、という目的を見失わないようにしましょう。

ここまで読んできて、だれにどのように助けてもらって、学校や職場の問題を解決すればいいか、見当がついたと思います。あなたは１人ではないということを忘れないで！

次に、学校や職場でジェンダー・エクスパンシブ（Xジェンダーなど）やトランスジェンダーの人たちが、よくある困難にどう対処してきたのか、なにが役立ったのかについて紹介しましょう。

名前と人称代名詞

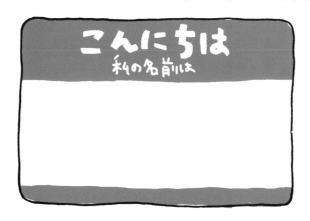

こんにちは
私の名前は

出生証明書に医師が記入した性別とジェンダー自認が合っていなければ、与えられた名前や人称代名詞（「彼」「彼女」）があなたの気持ちにそぐわない場合があるでしょう。ジェンダー・エクスパンシブ（Xジェンダーなど）やトランスジェンダーの人の多くは、自分にしっくりくる名前や人称代名詞を選んでいます。

これまでとちがう呼び方であなたを呼ぶことや、あなたのジェンダー観に合わない名前であなたを呼ぶことが、はじめのうちはむずかしいという人もいるでしょう。それでも、あなたには自分で選んだ名前で呼んでもらう権利があるのです。はじめのうちは困難でも、それを要求する権利があるのです。

あなたはジェンダークエストの旅をしながら、どんな名前を考えましたか？

今、あなたは、自分のことをどんな名前で呼んでほしいですか？

●あなたはもう、学校や職場でその名前で呼んでもらうように頼みましたか？　まだなら、あなたの選んだ名前で呼んでもらうように頼む心の準備はできていますか？　今の気持ちにもっとも合う答えを選びましょう。

1．まったく準備ができていない。その名前を使い続けたいかどうかもわからないし、その名前で自分を呼んでくれるように頼む心の準備ができているかどうかも曖昧だ。
2．すごくためらっている。
3．確信はもてていない。その名前で呼ぶよう頼むことについては複雑な気持ちだ。
4．もう少しで頼める！
5．すっかり準備ができている！　その名前でしか呼ばれたくない。

　次のリストは、二元的なジェンダーの人称代名詞と、ニュートラル（中立的）なジェンダーの人称代名詞のオプションを示したものです。

ジェンダー	主語	目的語	所有形容詞	所有代名詞	再帰代名詞
二元的	She 彼女は	Her 彼女を	Her 彼女の	Hers 彼女のもの	Herself 彼女自身
二元的	He 彼は	Him 彼を	His 彼の	His 彼のもの	Himself 彼自身
ニュートラル （中立的）	They 彼女ら、彼らは そのひとたちは	Them 彼女ら、彼らを そのひとたちを	Their 彼女ら、彼らの そのひとたちの	Theirs 彼女ら、彼らのもの そのひとたちのもの	Themselves 彼女ら、彼ら自身 そのひとたち自身
ニュートラル （中立的）	ジィー Ze	ジャ　ヒヤー Zir ／ Hir	ジャ　ヒヤー Zir ／ Hir	ジャス　ヒヤーズ Zirs ／ Hirs	ジャセルフ　ヒヤーセルフ Zirself ／ Hirself
ニュートラル （中立的）	イー E	エム Em	エァ Eir	エァズ Eirs	エムセルフ Emself

＊英語と日本語では異なります。日本語で合う人称代名詞を考えてみましょう。

●あなたのジェンダーを表すのにもっとも合った人称代名詞はどれですか？

_____

_____

●その人称代名詞を使ってくれるように、学校や職場の人たちに頼みましたか？　まだなら、あなたのジェンダーを主張する人称代名詞を使うように伝えたら、その人たちはどんな反応をすると思いますか？

あなたを支えてくれる人

　周囲の人に、あなたを呼び慣れた、そして法的書類に記された名前や人称代名詞以外で呼んでくれるように頼むときは、この章のはじめの、「自分の権利を守ろう」（84ページ）を読むと役に立ちます。

　学校や職場でリーダー的な立場の人や、支えてくれる人はだれなのか考えてみましょう。例えば、学校のカウンセラーからほかの先生たちに、授業であなたをどう呼ぶのが適切なのかを伝えてもらってはどうでしょう？　会社の上司やほかの従業員の中に、あなたをふさわしい呼び名で呼んでくれない人がいれば、人事部から話してもらったり、大学の学生課に、成績表、身分証明書、履修届に、あなたの選んだ名前を記してもらえるかを相談してもよいでしょう。

トイレ、更衣室、制服の問題

> 　デマルコは、中学校に入学しました。中学では男子と女子がより離れ離れに過ごすことが多くなって、ますます自分の気持ちが男子と合わないことが苦痛になってきました。
>
> 　彼はこの何カ月間、ジェンダークエストをしてきて、例えば、女性的と思われるメイク、ピンクや紫といった色が好きなことに気づくようになりました。彼は自分が女子だとは思っていませんが、男女のどちらでもいいし、日によって変わってもいいと思えるような自由がほしいと考えています。
>
> 　こうして広いジェンダーを表しはじめたデマルコは、学校で男子グループに入れられることにますます居心地が悪くなってきました。とくにトイレや更衣室では、いじめられるのではないかと不安です。

　出生時にあてがわれた性が自分の内面と合わない場合、自分のジェンダー・アイデンティティを無視されるような場所や行動を押しつけられることがあると、居心地が悪く、気分がよくないものです。とくに、トイレ、更衣室、制服についてそう感じることがよくあります。

　例えば、生まれた時に女性の性をあてがわれたけど、自分は男の子だと認識していて、男性的なジェンダー表現をしている生徒について考えてみましょう。彼にとって、女子の制服を着たり、女子トイレを使ったり、女子更衣室で着替えることを強要されるのは、とても違和感があることでしょう。

　アメリカでは学校や州によっては、トランスジェンダーやジェンダー・エクスパンシブ（Xジェンダーなど）の若者が自分のジェンダー・アイデンティティに合ったトイレや更衣室を使える規則や法律を定めているところもあります。こうした若者がジェンダー・ニュートラルなトイレや更衣室を使ったり、保健室やコーチの控室で体操着に着替えることを許可するところもあります。また、ジェンダー・アイデンティティに合ったトイレや更衣室を使うことを許可している場合もあります。

　学校や職場によってはとても柔軟に対応してくれるところもありますが、すべての場所でこうした取り組みがなされているわけではありません。あなたの学校や職場がそうでなければ、この章で読んだ権利を守る方法を使って、変えてもらう努力してみましょう。

●あなたの学校でジェンダーわけされた場所や、行動を無理強いされることで居心地の悪い思いをしているのは、どんなことですか？（例えば、トイレ、更衣室、制服、男女別に並ばされることなど）

●あなたはそんな状況で、どんな気持ちになって、どんなことをしますか？

●そうした状況をどうしてほしいと思いますか？（例えば、ユニセックスのトイレが使えるようになりたい、女子更衣室を使いたいなど）

●この章で自分の権利を守ることを学びました。あなたが希望するような変化を起こすには、どのようなステップをふめばよいでしょう。

ハラスメントといじめ

　ジュディスは、レズビアンだというアイデンティティをもっていましたが、高校2年生のときに、男性へ社会的に移行しようと決めて、今では「イーサン」という名前を使っています。

　イーサンはいつも男性的なジェンダー表現をしてきて、小さいころからずっと学校の女子たちにからかわれてきました。自分がレズビアンかどうか考えもしなかったころから、「ダイク（男性的な振舞いをするレズビアン。蔑称として使われることがある）」と呼ばれていました。そして今、男性のジェンダー表現へと移行しはじめたイーサンは、男子からのハラスメントをもっと受けるようになり、こわくなることがあります。

　ある日の授業のあと、廊下を歩いていると、男子生徒2人に「おなべやろう」と呼ばれてお腹を殴られました。その日以来、イーサンはまた殴られるのではないかと、毎日学校に行くのが不安でたまりません。

　残念なことに、ほとんどの人が人生のどこかの時点でハラスメントやいじめを受けています。トランスジェンダーやジェンダー・エクスパンシブ（Xジェンダーなど）の人にとっては、より深刻な問題なのです。もし、あなたも学校や職場でいじめやハラスメントを受けていたり、受けるのではないかと心配しているのなら、取るべき手段があります。

　あなたは学校でも職場でも、みんなと同じように安全に過ごす権利があるのです。

●学校や職場で、ハラスメントや悪口や暴力を受けたり、見たり、聞いたりしたことがありますか？（あなたに対してでも、ほかの人に対してでも）

●ハラスメントやいじめなどのひどい扱いを受けるのではないかととても心配になるようなときや状況はありますか？（例えば、トイレに行ったときなど）

●過去に、あなたや知っている人がハラスメントやいじめなどのひどい扱いを受けたとき、どんな対処が取られましたか？

●あなたが学校や職場で安心していられるように、そしていじめやハラスメントを受ける心配をしなくてもいいようにするためには、どんなことが必要でしょうか？（例えば、１人用のトイレをつくるなど）

味方になる規則や法律は？

　学校や職場をより安全にしようとする場合も、あなたの権利を守る手助けしてくれる人がいれば助かります。

　親、先生、カウンセラー、校長先生、上司、同僚、人事課など、だれと話すときにも、自分の体験と心配、そしてどうすれば助かるかを伝えることがとても重要なのです。

　この章の「自分の権利を守ろう」（84ページ）のところを読み返して、どう話せばよいかのヒントを思い出しましょう。

　最後に、学校のいじめに関する規則や、職場でのハラスメントについての会社の方針など、あなたの味方になる規則や法律について調べておくのも役立ちます。

認識不足への対処

　自分の権利を守ろうとしているとき、すばらしい支援者に出会える一方で、無知な質問をしたり、間違ったことをしたり、ネガティブな反応を示してくる人もいるでしょう。そうした場合の対処法も考えておきましょう。いくつか対処法の例を挙げましょう。

●その1【話してみる】：相手に悪意がないけど、認識不足のせいや、単にどう反応していいのかわからないようだと思ったら、少し時間をかけて話してみましょう。相手の行動を変えてもらうように、あなたがしっかりした態度（責めるわけではなく、自分の気持ちをはっきり明確にする態度）で頼めば、理解して行動を変えてくれるかもしれません。

●その2【無視する】：相手の言ったことを無視するのがベストな場合もあります。とくに、あなたを刺激しようとして言ったことならなおさらです。ネガティブな言葉を無視し続けていれば、相手はあなたの反応が得られないので、そのうちそんなことを言わなくなる可能性が高いのです。

●その3【アライ（LGBTQではないが自分の問題としてともに取り組む人）を味方につける】：できれば、クラスメイトや同僚の中であなたをサポートしてくれる人を見つけて、そういう人たちと一緒にいるようにしましょう。どんな問題も相談しましょう。手助けになって支えてくれる友人がいれば、学校も職場も、もっと満足のいく楽しいところになりますよ。また学校や職場のほかの人に対しても、あなたを尊重する態度を取るように、広めてくれることでしょう。

●その4【アクティビズム（積極行動主義）を取り入れる】：トランスジェンダーやジェンダー・エクスパンシブ（Xジェンダーなど）の人にとって学校や職場がより安全で公平になるように、これまで多くの変革がなされました。主にこうした変革は、生徒たちを含むトランスジェンダーの活動家のおかげです。

　多くのトランスジェンダーの若い人たちが、GSA（ゲイ・ストレート・アライアンス：LGBTQとアライの学生を中心とした校内コミュニティグループ。学内サークルのような存在）をはじめたり、学校の規則や、州の法律さえも変えるような重要な働きをしてきたのです。こうした活動は、困難で危険をともなうこともありますが、メリットもあります。あなたがもうひとがんばりしたいタイプなら、学校でGSAをはじめたり、ほかのアクティビズムの運動に参加してもよいでしょう。

第 **5** 章

周りの人との
関係を探求しよう

　クラスメイト、職場の同僚、友だち、知り合いといった人たちはみんな、私たちの生活の中でよくも悪くも重要な部分を占めています。私たちはこうした人たちに助けてもらったり、意見をもらったり、楽しみをもらったり、悲しい時に慰めてもらったりします。

　しかし一方で、私たちをイラつかせたり（ときに激怒させたり）、からかったり、嫌がらせをしたり、私たちの自尊感情をひどく傷つけるようなことを言ったりすることもあります。

　ここまでジェンダークエストをしてきたあなたは、ジェンダーについての考えを友だちに話したり、自分のジェンダーにもっと合う服装や行動を、学校や職場で示したいと思うようになっているかもしれません。でも同時に、その人たちの反応も心配ですね。

自分のジェンダーについて話すべき?

　ジェンダークエストをしながら自分のジェンダーについて多くのことを考えていると、自分の考え、気持ち、体験をだれかに話すべきだと思うようになるかもしれません。

　自分の状況を理解するのを助けてもらうためや、あるいは、大切な人たちに対しては本当の自分でありたいと思うからかもしれません。それは、自然な衝動です。

　例えば、なにかの賞を獲ったり、家庭でなにか問題が起きた時に、人に話して支えてもらったり、喜びや苦しみを共有したりするのは、健全なことです。実際、自分の体験を友だちや周囲の人と分かち合える人の方が、そうでない人よりも、幸福で健康なことが調査でもわかっています。

　それでもあなたには話すことをためらう、もっともな理由があるのかもしれません。行動、外見、考え方がほかの人とちがうために（あるいは、ちがうと人に思われるだけで）、いじめられた人を知っているかもしれません。ジェンダーや性的指向やほかのことで、あなた自身がいじめを受けたことがあるのかもしれません。こうしたことがあなたにも当てはまるようなら、友だちやクラスメイトや同僚に自分のすべてを見せるのがこわいと思うかもしれませんね。

　「受け入れてくれるだろうか?」「理解してくれるだろうか?」「支えてくれるだろうか?」と信じられない気持ちになることもあるでしょう。ジェンダー・アイデンティティやジェンダー表現、性的指向、そのほかのことについて、もしネガティブな反応をされたら、どう答えればいいのだろうと、悩む人もいるでしょう。

　自分のちがう面を、いつ、どのように、だれに向かって明らかにすればよいのでしょう?

　友だちやクラスメイトや同僚の反応を、ズバリ、予測することは絶対に無理ですが、だれに、なにをカミングアウトするかを決めるための参考になることもあります（すべての人にすべてのことをカミングアウトする必要はないのです）。

カミングアウトの用意はできている?

「カミングアウト」したり、本当の自分について話さなくては、というプレッシャーから少し離れてみましょう。

メディアや映画や本では盛んに、「カミングアウト」や、本当の自分に誇りと自信を持って声高らかに公表することが、いかにすばらしいかが語られています。でも、自分の人生のどの部分をだれと共有するかは、慎重に決めるのが賢いことだと、ほとんどの人が考えているのではないでしょうか。

例えば、親の離婚について打ち明けたい相手や、話したくない相手がいても当然なのです。ですから、あなたのジェンダーについてだれと、いつ、どのように話すかは、あなた自身が決めればよいのです。第3章の「家族との会話」(73ページ)のところで紹介したように、話したくなったり、話す準備ができたと思ったり、話しても安全だと思うまで、話す必要はないのです。

ジェンダーについてだれかに話したいという気持ちになるまで、待ってもいいのです。もし、身体的あるいは感情的に傷つけられても、まだ自分にはそれに対処する準備ができていないと思ったら(あるいは、だれにも対処できないような深刻な事態が起きると思ったら)、今は、まだ人に話す時ではないということなのです。

しかし、どんなに大きな一歩でもなんらかの危険がともなうということも考慮に入れて、リスクとメリットとを比べてみるとよいでしょう。自分のジェンダーについての考えや気持ちを話したり、ただあなたのジェンダー・アイデンティティやジェンダー表現について話すことが、周囲の人とあなたをより近づけてくれる、開放的で、すばらしい体験になるかもしれません。

「だれかに話してみようか」「いつ、どのように話そうか」と迷っているのなら、この章を読み続けてください。

どこからはじめようか？

　メガホンを手にして（！）学校や職場で発表する前に、ぜひやってほしいのは、学校や職場以外の人のサポートを得ておくことです。これは、親しい友だちに打ち明ける場合でもそうです。

　LGBTQのサポートグループや、電話相談・相談サイト（ホットライン）、すでにそのことを告げた家族のだれか、セラピストやカウンセラー、宗教のリーダー（牧師や神父、僧侶など）など、外部の人であなたのジェンダーについて理解して支えてくれる人を探しましょう。

　でも、どうやって見つければいいのでしょう？　方法は、いくつかありますよ。

　一番のおすすめは、あなたが訪れることのできる地域のLGBTQの若者のグループを探すことです（LGBTQのどの文字も自分には当てはまらないと思ったとしても、あなたの体験を理解してくれる人に出会えるかもしれません）。

　こうしたグループは概して安全ですし、すてきな友だちと知り合ったり、役に立つ情報を得たりするのにとても適しているので、ぜひおすすめします。

　ネット上にも、たくさんのグループやアプリやSNSがあって、多くのサポートや情報が得られます。電話相談（ホットライン）に載っているリスト（171ページ）のウェブサイトを参考にしてください。でもネットのグループなどに飛び込む前に、いくつか注意しなくてはならないことがあります。

●フェイスブックなどのSNSは匿名ではないので、あなたがどんなページやグループに参加したかが、ほかの人に知られる可能性があります。

●ネットに上げた写真やコメントは、永久に残ります。拡散されたくない写真やコメントは載せないようにしましょう。一定期間が過ぎたら写真が「消える」というアプリを使ったとしても、写真が拡散されてしまうかもしれません。

●ネットで出会う人が思ったような人でないこともあるので、個人情報はだれにも渡さないようにしましょう。

●ネットで知り合った人と実際に会って、傷ついた人もいます。「実際に会って助けてほしい」「その人と交際したい」と思っても、まず自分の安全を考えてください。もし、ネットで知り合った人と直接会うのなら、公共の場所にしたり、自分の知っている人と一緒に行くことを、強くおすすめします。

　また事前に、信頼できる人と、いざという時のためのプランを立てておくといいでしょう。

　例えば、①信頼できる人にあなたがどこへ行くかを知らせておく、②相手と会っている最中に、信頼できる人からメールや電話で連絡してもらうと決めておいて、もしあなたから返事がなければ問題が起きていると判断してもらい、その場合はすぐに助けを呼んでもらう、というような取り決めをしておくとよいでしょう。

●実際に会って集まるグループとちがって、ネットのグループでは、司会者がポジティブな雰囲気を保ってくれるわけではないので、たとえサポートグループでもいじめが起きることがあります。ネットのいじめはとても嫌なものですから、ネットのグループに参加するときは、慎重に、そして少しでもネガティブなことや居心地の悪い思いをしたら、すぐに離れるようにしましょう。

だれに話そうか？

　まず、一番親しい友だちに話したいと思うかもしれませんが、それがよいとは限りません。親しい友だちのジェンダー観や、普段の反応の仕方などによって、その人が最適かもしれないし、そうでないかもしれないのです。ですから、だれに話すかはじっくり考えるべきなのです。

最初はだれ？

●あなたのジェンダーについて話してみたいと思う人の名前を何人か挙げましょう。

1.

2.

3.

4.

5.

●その人たちについて少しくわしく見ていきましょう。まず、どんな反応をするか考えてみましょう。

	名前	ジェンダーや性の多様性について どう考えていると思うか	なぜそう思うのか
1			
2			
3			
4			
5			

●では、どの人がもっともサポートしてくれそうですか？

　次に、話したことを秘密にしておいて
ほしい場合、その人は秘密を守ってくれ
るでしょうか？　それぞれの人について
考えましょう。

●以前、自分やだれかのことで個人的な秘密を話したときのことを思い出してみましょう。その
人は信用できますか？

	名前	その人は信用できるか	なぜそう思うのか
1			
2			
3			
4			
5			

●もっとも信用できるのはだれですか？

●このプロセスで、サポートとプライバシーはあなたにとってどれくらい重要ですか？

●あなたが選んだ人たちが次のような反応をしたら、どんな気持ちになるか考えてみましょう。それは、どれくらい強い気持ちでしょうか。

こんな反応だったら	こんな気持ちになるだろう
私のためにとても強く共感してくれて、もっと話を聞きたいと言ってくれたら	
私のために喜んでくれて、支えてくれると言ってくれたら	
支えになってくれるとは言うけど、意味がよくわかっていないようなら	
支えになってくれるけど、頼んだ後でもまだ私を間違った名前や人称代名詞で呼んでいるなら	
支えになってくれるけど、私を変だと思っているような質問をしてきたら	
あまり協力的でないが、時間をかけてもっと知ろうしているようなら	
まったく協力的ではないが、それでも友だちでい続けてくれるなら	
まったく協力的でなく、もう私の友だちではないと言ってきたら	

●秘密を守ってくれることがどれほど重要か、数字を選んで〇をつけましょう。

もしこんなことが起きたら…	自分にとってどれほど深刻な問題になるだろうか
打ち明けた人が、共通の親しい友だちに、私のことをちょっとほのめかしたら	1　　　　　　　5　　　　　　　10 問題ない　　嫌な気持ちになる　　最悪だ
打ち明けた人が、共通の親しい友だちにしゃべってしまったら	1　　　　　　　5　　　　　　　10 問題ない　　嫌な気持ちになる　　最悪だ
打ち明けたことを、友だちのグループ全員に話してしまったら	1　　　　　　　5　　　　　　　10 問題ない　　嫌な気持ちになる　　最悪だ
学校中が知ってしまったら	1　　　　　　　5　　　　　　　10 問題ない　　嫌な気持ちになる　　最悪だ
両親が知ってしまったら	1　　　　　　　5　　　　　　　10 問題ない　　嫌な気持ちになる　　最悪だ
親戚が知ってしまったら	1　　　　　　　5　　　　　　　10 問題ない　　嫌な気持ちになる　　最悪だ

いろいろな反応に対して準備をしよう

いろいろな人の反応にどう対応するかを考えておきましょう。話す相手に決めた人は、きっと信頼できる人で、心を開いてあなた受け入れてくれるでしょう。でも、絶対にそうだとは限らないのです。

ジェンダーについての考えや体験を、オープンにプライベートなことまで打ち明けられるのは、お互いの関係にとってもすばらしいことです。信頼と理解が深まり、それは健全で長く続く関係に必要なことなのです。相手にもっと親密な気持ちをもてるようになって、そんな関係をありがたいと思うでしょう。相手もまた、あなたに心を開いて、ほかの人には言えないことを打ち明けてくれるようになるかもしれません。

しかし、協力的で信頼できる友人やクラスメイトや同僚がたくさんいても、これらの人たちは、じつはそれがなにを意味しているか、はじめのうちはさっぱり理解できないかもしれません。これらの人たちが今まで教えられてきたジェンダー観と、あなたのジェンダーがちがっていることを告げられた場合は、とくに混乱するかもしれません。そのため、これらの人たちがジェンダーについて学んでいく上で、誤解や混乱が生じるかもしれないので、あなたはそれに対して準備をしておかなくてはなりません。

人間は時間がたつと変わることができるし、実際に変わっていくということを忘れないでください。きっとあなた自身も、以前はジェンダーについてちがう考えをもっていたでしょう。これらの人たちが理解しようと努力している間に、さまざまな疑問や混乱が起きるかもしれません。それに応えられるようにしておきたいのです。

例えば、こんなことを聞かれるかもしれません。

「じゃあ、あなたはレズビアン／ゲイなの？」

「なぜ今のままじゃ嫌なの？」

「本当にそう思うの？」

「『手術』するんだね？」

「『ジェンダー・クィア』ってなんのこと？」

「どうしてわかったの？」

「ぼく（私）を誘惑してるの？」

「親には言ったの？　言うつもり？」

「ほかにだれに言った？」

「だれかに言ってもいい？」

「呼び名を変えるの？」

「これからも友だちでいられるの？」

「きみの宗教に反していないの？」

こうした質問は、思いやりや心配や理解しようという気持ちから起きたものかもしれませんが、あなたにとってはつらいかもしれません。外部に支えてくれる人を見つけておく理由は、こんな質問でつらい気持ちになったときに、支えになってくれるからです。

ところで、「こんなに質問の答えを前もって準備しておくべきなの？」とあなたは思っているかもしれませんが、そんなことはありません。あり得るすべての質問の答えを用意しておくようにすすめているわけではありません。だって実際には、驚くような質問がいろいろ投げかけられるかもしれません。こうした質問をされたときにあなたがしなくてはならないのは、自分を守ることです。

できるだけ正直に答えるのでもいいし、情報が得られるところを教えるのでもいいでしょう（171 ページの「電話相談（ホットライン）」を参考にしてください）。答えがわからないと言ってもいいし、その質問には答えられないと言ってもいいのです。

あなたはジェンダーについてもうたくさんのことがわかっていますが、ジェンダーの先生になる必要はありません（もちろん、そういう職業につくのもありですが！）。

ネガティブな体験に対処する

あなたのジェンダーについて知らせた結果、嫌な思いをしたことがある人もいるでしょう。これから話す人も、嫌な思いをするかもしれません。前にも述べましたが、あなたの友だちはどう反応していいかわからなくて、気持ちを整理する時間が少し必要なだけかもしれません。一方、外見や話したことによって、拒絶されたりいじめられたりした人もいるのです。

拒絶されたりいじめられたときの対処法について、考えてみましょう。

●あなたを支えてくれる人のところへ行きましょう。支えてくれる友だちがいれば、できるだけ一緒にいるようにして、その人たちだけと過ごすようにしましょう。
● LGBTQ のグループに助けや支えを求めましょう。
●学校の中や外に、好きなことを見つけてみましょう。
●拒絶やいじめや誤解のせいで、つらい感情が起きたら、信頼できる人に自分の気持ちを話す時間をつくりましょう。
●信頼できる学校のカウンセラーや先生に助けを求めましょう。LGBTQ の生徒を暖かく迎えてくれる先生やスタッフの部屋のドアに「SAFE ZONE（安全な場所）」というステッカーが貼

られていたり、レインボーフラッグがかかげてある学校もあります。

●学校は、ジェンダーや性的指向に関するものだけでなく、どんないじめもハラスメントも許してはいけません。もしあなたの学校がそうでなければ、自分のため、そして自分の必要としているもののために声を上げましょう。信頼できるカウンセラー、先生、校長先生に相談しましょう。

●できることなら、親に話しましょう。

●話を聞いてもらえるセラピスト（療法士）を見つけましょう。

●身体的に傷つけられたり、襲われたりしたら、警察に通報することもできます。

●ひどく気持ちが落ち込んだり、なにかのことで自死を考えたりするようなら、LGBTQ や自殺防止ホットラインに電話をかけましょう（171 ページの「電話相談（ホットライン）」を参考にしてください）。

●自傷行為をしそうになったり、人を傷つけそうになったら、警察に連絡しましょう。または 171 ページに電話相談（ホットライン）の情報を掲載してありますので参考にしてください。

この章のまとめ

　わかってくれる人に話すのは、とても重要なことです。大切な人にジェンダーについて正直に話すことが、「こわい」「危険かも」と思っていたけど、実際に話してみたら、とてもよかったということもあります。

　だれに、いつ、どのように話すかを決められるのは、あなただけです。学校や職場以外で支えてくれるところを見つけておくことをくり返しおすすめします。地域のグループや電話相談や相談サイトを通じて、ネガティブな反応からあなたを守ってくれる人を見つけておきましょう。あなたのような若い人は、何千人もいます。探しさえすれば、必ず見つかります。すぐにではなくても、いつかきっと見つかります。

　最後に、学校や職場のみんながあなたを支えてくれるまでには、時間と忍耐力が必要かもしれませんが、人に伝えると言うプロセスを通じて、きっとあなたはすばらしい友だち、その人の前では本当の自分でいられるような友だちを見つけることができると、私たちは確信しています。

第**6**章

恋愛とセックスを
探求しよう

　人は、恋愛とセックスに強い気持ちや、複雑な感情をもっているものです。ポジティブなもの、ネガティブなもの、その中間のものまでさまざまです。恋愛やセックスについて、何時間も妄想したり考えたりする人もいるでしょう。一方、まったく興味のない人もいます。ジェンダー・アイデンティティやジェンダー表現にかかわらず、このようにいろいろな反応があるのです。

　人は思春期を迎えるころから、自分のセクシュアリティや恋愛について考えはじめます。恋愛やセックスは、刺激的で有意義なものですが、同時に感情や体の健康に大きな影響を与えるものでもあります。恋愛やセックスを求めるときは、自分が傷つかないように留意することが大切です。感情的、そして身体的に安全な選択をすることが、性行動にはとくに重要です。例えば、精神的に心構えができるまでセックスをしないことや、安全なセックスを選ぶこと——性感染症や望まない妊娠を予防することなどに注意しましょう。

　この章ではまず、性的指向（セクシュアル・オリエンテーション）と恋愛的指向（ロマンティック・オリエンテーション）のちがいについてお話ししましょう。あなた自身のセクシュアル・アイデンティティやロマンティック・アイデンティティについて考える機会にもなるでしょう。それから、実際の恋愛やセックスについても紹介します。あなたが、どんなセクシュアリティやどんなパートナーとの関係に満足できるのか、それを見つけるための手助けにしてほしいのです。

性的指向と、恋愛的指向

ジェンダー・アイデンティティの複雑さをよく知っているあなたは、性的指向や恋愛的指向の概念もかなり複雑だと聞いても、驚くことはないでしょう。

性的指向とは、ある人が性的にだれに惹かれ、どのような性行動をするかということで、ア（エイ）セクシュアル、ヘテロセクシュアル、レズビアン、ゲイ、バイセクシャル、パンセクシュアルといった自認をすることだと考えられています。

同じように、恋愛的指向によって、だれに感情的に惹かれ、だれと関係をもつかというわけ方をする人もいます。ア（エイ）ロマンティック、バイロマンティック、などといった自認があります。これらは一体どういう意味なのでしょう？　自分がどれなのか、どうすればわかるのでしょうか？

性的指向（セクシュアル・オリエンテーション）

性的指向には、少なくとも3つの部分——「魅力」「行動」「アイデンティティ」があります。

「性的魅力」とは、だれかと身体的に親密になりたいということです。だれかとキスをしたり、その人を触ったり、セックスをしたりということを想像することがあるかもしれませんね。それが性的に惹かれるということなのです。

「性行動」とは、人の目に見える行為のことです。性行動には、かわいいと思う人の写真をネットで探すこと、自慰行為（自分を性的に触ること）、誘惑すること、だれかと身体的に親密になることなど、多くの行動が含まれます。

「アイデンティティ」というのはもう少し複雑で、自分にどんなラベルを貼るかということです。セクシュアル・アイデンティティは性的魅力と一致することが多く、性行動とも一致することがあります。しかし、すべての行動がアイデンティティと一致するわけでもないのです。

「性的魅力」「性行動」「セクシュアル・アイデンティティ」はある程度はマッチしていますが、みなさんが思うほど、必ず完璧に一致しているわけではありません。よくあるセクシュアル・アイデンティティとその定義を挙げましょう。

- レズビアン：女性に惹かれる女性
- ゲイ：多くの場合は男性に惹かれる男性を指すが、女性に惹かれる女性のことを含めることもある
- バイセクシュアル：男性、女性の両方に惹かれる人
- ヘテロセクシュアル：「反対の」性に惹かれる人
- パンセクシュアル：さまざまな性とジェンダーの人に惹かれる人
- ア（エイ）セクシュアル：セックスに興味がなく、人に性的に惹かれない人
- クィア：ヘテロセクシュアルではないというアイデンティティをもっている人

性的指向についてもっとくわしく

　これらのラベルは、確固たるものでも絶対的なものでもありません。性行動や魅力の感じ方とラベルが、完全に一致しているわけでもないのです。

　例えば、レズビアンというアイデンティティをもっていても、女性よりもっと多くの男性とセックスをしたり、男性と恋愛関係になったりしたことのある女性も多くいます。また、男性に惹かれて男性とセックスをしたことを平気で語れる男性でも、自分をゲイやバイセクシュアルだというアイデンティティをもっていない人もいます。さらには、男性の中には、男性に惹かれても、その気持ちに従って行動することが居心地悪かったり、安全ではないと思ったりする人もいて、自分をゲイだと認識しない場合もあります。

　「魅力」「行動」「アイデンティティ」の3つは、関係があっても、必ずしもまったく一致するわけではありません。もし、あなたもこの3つが一致しなくても、まったく問題はありませんし、それはよくあることなのです。

恋愛的指向（ロマンティック・オリエンテーション）

　性的指向と同じように、恋愛的指向も、「魅力」「行動」「アイデンティティ」の３つにわけられます。恋愛的指向は、感情的にだれに惹かれるかということです。

　例えば、あなたがある人にロマンティックに惹かれたら、その人と特別なつながりをもち、考えや気持ちを共有し合ったり、つらいときに支え合ったり、喜びをわかち合ったり、お互いにとって意味のあることをしたり、一対一で特別な時間を過ごしたりしたいと感じるでしょう。

　ロマンティックな行動は、ロマンティックなパートナーと感情的に親密になるためにおこなう、さまざまな事柄を指します。例えば、ロマンティックなパートナーとデートをしたり、相手にプレゼントを買ったり、ラブレターを送ったり、ラブソングを集めて録音したり、ほかの人には言えないことを打ち明けたり、相手が沈んでいるときにハグしたり、といったことはどれもロマンティックな行動だと言えます。

　ロマンティック・アイデンティティとは、セクシュアル・アイデンティティと同じように、どういったジェンダーの人に惹かれるかに関係していることがよくあります。一般的なロマンティック・アイデンティティとその定義を挙げましょう。

- ア（エイ）ロマンティック：人にロマンティックな魅力を感じない人
- バイロマンティック：２つ（またはそれ以上）のジェンダーにロマンティックな魅力を感じる人
- ヘテロロマンティック：自分と反対のジェンダーの人にロマンティックな魅力を感じる人
- ホモロマンティック：自分と同じジェンダーの人にロマンティックな魅力を感じる人
- パンロマンティック：すべてのジェンダーの人にロマンティックな魅力を感じる人

　ロマンティック・アイデンティティも、セクシュアル・アイデンティティと同じように、だれにロマンティックな魅力を感じるかということや、ロマンティックな行動と完全に一致していないことが多いのです。

あなたはだれに性的に、あるいはロマンティックに惹かれる？

●あなたは、だれかに恋焦がれたことはありませんか？　恋するだれかのことを空想したり考えたり、身体的や感情的にその人と親密になるところを夢見たり、その人と話すと、こわい気持ちや、ときめきや、温かい気持ちが同時に起きたり、興奮しすぎるのでその人と話すのを避けたり！このような恋の経験をしたことがある人は、どんな人が相手だったか下線部に書いてみましょう（もしそんな経験がなかったら、どんな人に惹かれると思うか書いてみましょう）。

_____

_____

_____

●身体的に、あるいは性的にだれかと親密になったところを空想したことがありますか？　想像の中でだれと、どんなことが起きましたか？

_____

_____

_____

●感情的に、あるいはロマンティックにだれかと親密になったところを空想したことがありますか？　想像の中でだれと、どんなことが起きましたか？

_____

_____

_____

●あなたが魅力を感じる人や空想することには、なにかテーマや共通性があることに気づきますか？

_____

_____

_____

セクシュアル・アイデンティティとロマンティック・アイデンティティ

　もうあなたも気づいているように、性的指向や恋愛的指向に関する一般的な用語の多くは、とても単純化された生物学上の性とジェンダーに基づいて定義されています。

　そのため、自分のジェンダーがこうした、あまりにも単純な古い定型に当てはまらないと、セクシュアル・アイデンティティやロマンティック・アイデンティティを見つけることがさらに複雑になってしまうかもしれません。

　でも先にも述べたように、ラベルは自分にとってしっくりくるものであればいいのです。それ以外のことで決められるものではありません。

ティングの例を見てみましょう。

　ティングはトランスジェンダーの女性で、いつも男性に惹かれてきました。女性として生きようと移行するまでの長い年月、ティングは男性として男性と交際をし、ゲイ男性のコミュニティの一員であることを誇りに思ってきました。ティングのジェンダー・アイデンティティが変わって、自分を女性と認識してからも、「ゲイ」というセクシュアル・アイデンティティにつながりを感じています。

　しかし、ティングが女性として男性と結婚しているのに、まだ自分をゲイだと認識しているので、周囲の人は混乱しています。でもティングは説明したくなければ、しなくてもいいと思っています。自分にしっくりくるアイデンティティであれば、それでよいのです。

ディランの例も見てみましょう。

ディランは、自分がさまざまなジェンダー・アイデンティティやジェンダー表現の人たちにロマンティックな魅力を感じることに気がつきました。性的には、二元性のジェンダーの定型にはまらない人たちに主に惹かれます。そもそもディランは定型に収まることが嫌いですが、もし自分にラベルをつける必要があるしたら、自分の性的指向は「クィア」か「パンセクシュアル」、そして「パンロマンティック」という言葉がもっとも自分に適していると思います。

最後にマーティの例も見てみましょう。

マーティはジェンダー・アイデンティティについて知るようになってから、性的指向のアイデンティティを変えました。1年ぐらい前のことでした。マーティが女の子としてではなく、男の子として生活するようになって、「レズビアン」という言葉は自分にはもう合わなくなったと思うようになったのです。今マーティは、ストレートのトランスジェンダーの男性だというアイデンティティをもっていますが、「クィア」という呼び方を好むこともあります。「ストレート」というジェンダーの二元性を示唆する言葉が、自分のジェンダー観に合わないと考えるからです。

　自分に合ったラベルがないと感じて、自分で自分のセクシュアル・アイデンティティを定義することを決めたさまざまなジェンダーの人たちもたくさんいます。こうした新しいアイデンティティはとても創造的でおもしろく、典型的なラベルよりも正確なのです。いくつか例を挙げましょう。

- 「抱っこ大好き人間」
- 「男らしさに熱中人間」
- 「自分のペニスが大好きなレズビアン」

　ここで言いたいことは、あなたがだれに惹かれるか、どんな行動をするかに関係なく、ラベルは自分で決めればよいということです。

やってみよう！ 自分のセクシュアル・アイデンティティと ロマンティック・アイデンティティを探そう

　次のリストは、あなたのセクシュアル・アイデンティティとロマンティック・アイデンティティを見つけるのに役立ちます。

●右ページの左の欄によくあるアイデンティティのラベルを記しましたが、ほかにもたくさんのオプションがあります（自分で決めてもいいのです）。自分で考えているものや、聞いたことがあるものを、左の空欄に書き入れましょう。

　中央の欄にはなぜそのアイデンティティが自分に合うのかを書き、右の欄には合わない理由を書きましょう。

　そのアイデンティティが自分に合うかどうかを考える時は、「自分は＿＿＿＿＿だ」と声に出して言ってみて、どんな考えや感情が起きるか試してみるといいでしょう。

　あなたの決めたラベルは、だれに惹かれるかということと、どんな行動をするかを表すものですが、それらがぴったり一致していなくてもいいのです。ほとんどの人にとって完璧なラベルなんてありませんから。

アイデンティティ	なぜ自分に合うか	なぜ自分に合わないか
レズビアン		
ゲイ		
バイセクシュアル		
ヘテロセクシュアル		
クィア		
ア（エイ）セクシュアル		
パンセクシュアル		
（そのほかのセクシュアル・アイデンティティのラベル）		
ア（エイ）ロマンティック		
バイロマンティック		
ヘテロロマンティック		
ホモロマンティック		
パンロマンティック		
（そのほかのロマンティック・アイデンティティのラベル）		

自分に合うものが見つかりましたか？

　なんとなく合うものも、いくつかあったかもしれませんね。あるいは、自分のアイデンティティにラベルなんかつけたくない、ということに気づいたかもしれません。どう思ってもかまいません。それに人のアイデンティティは、月日が経つにつれて変わることがよくありますから、次第に考えや気持ちが変わっていってもいいのです。いつでも自分には、自分自身のセクシュアル・アイデンティティを決める力があるということを忘れないでください。

交際

> クロイは、化学のクラスの男の子に数カ月前から夢中です。彼がそばに来るとドキドキして、なにを話したらいいのかわからなくなります。彼はいつもフレンドリーですが、それがどういう意味なのかクロイにはわかりません。
>
> 「彼はただ親切なだけ？　それとも私のことが好きなの？」
>
> クロイがトランスジェンダーであることを、彼が知っているかどうか、わかりません。クロイが移行してからずいぶん経っているので、もうだれも話題にしませんが、みんな知っているはずだとクロイは思っています。クロイはどうしていいかわかりません。彼に自分の気持ちを伝えたいけど、自分に興味がなかったらどうしよう？　それに、トランスジェンダーであることは、一体どのように話せばいいのでしょうか……話すべきではないのでしょうか？

だれかと交際しはじめると、相手が自分とちがう部分をどう受け止めてくれるか考えなくてはなりませんよね。

例えば、一般的なジェンダー・アイデンティティではない場合や、ジェンダー移行をしたいと考えていたり、すでにジェンダー移行をしている場合などは、交際するかもしれない相手に、いつ、どのように伝えるかを決めるのがむずかしいかもしれません。相手に伝えるべきか、いつ、どのように伝えるかを決めることが大きなプレッシャーになって、親密な関係を築きたいのに、それを避けてしまう人もいるのです。ありのままの自分を受け入れてくれる人なんかいるはずないと思い込んで、努力する前に恋愛をあきらめてしまうこともあるのです。

こうした考えや恐れは、だれにでも起きることです。それでも、現在や過去のジェンダー・アイデンティティやジェンダー表現にかかわりなく、恋愛をしたいと思った人のほとんどが、充実した恋愛関係を見つけることができているのは、とても喜ばしいことです。時間をかければきっと自分の本当の姿を、安心して満足できる方法で告げられるようになります。

充実した恋愛をしたさまざまなジェンダーの人たちの例から、ヒントを得ましょう。

相手に告げるべき？　いつのどのようにカミングアウトすればいい？

　ジェンダー・アイデンティティが一般的な二元性のジェンダーでない人の場合、それを交際するかもしれない相手に告げるべきか、告げるとしたらいつ、どのようにすればよいかを決めるというステップが必要になります。カルロスの例を見てみましょう。

　カルロスは、トランスジェンダーの若い男性です。ゲイ・プライド（LGBTQの人権運動）のイベントで知り合ったＴＪという男性とはじめてデートをしようとしています。ＴＪに誘われて、カルロスはワクワクしました。イベントでは、お互いを知る時間があまりありませんでしたが、ＴＪは魅力的で知的で、楽しそうな人だと思いました。でもいざデートに出かけることになると、カルロスの頭の中には何百もの疑問が渦巻いています。

　はじめてのデートでトランスジェンダーであることを告げるべきだろうか？　性行為をするほど親密になるまで、カミングアウトは待つべきだろうか？　交際を約束し合う関係になるまで待った方がいいのだろうか？　でも一体、なんと言えばいいのだろう？　ＴＪはどう反応するだろうか？　カミングアウトしたあとでも、まだ自分のことを好きでいてくれるだろうか？

　カルロスの質問には、正解や不正解はありません。トランスジェンダーやジェンダー・エクスパンシブ（Ｘジェンダーなど）の人は、同じ状況であっても、それぞれちがうアプローチをしています。自分がベストだと思う方法でいいのです。カルロスはどうすればよいかを考えながら、あなた自身の最良なアプローチを探してみましょう。

　カミングアウトすべきかどうかについて、こんなことを考えてみましょう。

　「自分のジェンダー・アイデンティティやジェンダー体験について、どのくらい早い時期に相手に知ってほしいだろうか？　それはなぜだろう？」

　この答えにも、正解や不正解はありません。交際したい相手によって、答えがちがってもよいのです。相手に早く、トランスジェンダーやジェンダー・エクスパンシブ（Ｘジェンダーなど）の人と付き合いたいかどうかを決めてもらいたいから、すぐ告げたいという人もいるでしょう。本当の自分を隠さないでよいので、不安感を減らすのに役立つ方法かもしれません。あとで拒絶されるのではないか、というストレスをなくすためにもいいかもしれません。

　しかし一方で、あなたのジェンダー・アイデンティティの個人的な詳細を知る前に、まず相手にあなたを人間として知ってもらいたいと思うかもしれません。

●交際したい相手について考えてみましょう。いつカミングアウトしたいか、あなたの勘を信じて、今の気持ちにもっとも近い番号を下から選びましょう。

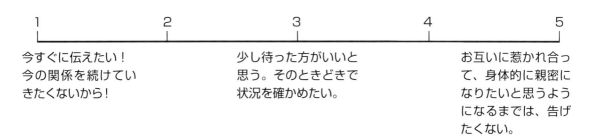

| 1 | 2 | 3 | 4 | 5 |

今すぐに伝えたい！
今の関係を続けていきたくないから！

少し待った方がいいと思う。そのときどきで状況を確かめたい。

お互いに惹かれ合って、身体的に親密になりたいと思うようになるまでは、告げたくない。

　上に書いたあなたの答えについて、次の質問に答えましょう。

●カミングアウトを今しますか？　それとも待ちますか？　あなたの選択のポジティブなところはどこですか？

_____

_____

_____

●その選択のネガティブなところはどこでしょう？

_____

_____

_____

●その選択は、これからの２人の関係の進展にどんな影響を与えると思いますか？

_____

_____

_____

●あなたのカミングアウトする時期についての気持ちは、こうした質問について考えた後でも同じですか？　カミングアウトについて決めたとき、ほかにどんなことを考えましたか？

_____

_____

_____

　カミングアウトは、新しい恋愛関係や、新しい相手と出会うたびに決めなくてはならないので、簡単ではありません。あなたの人生で出会う相手や、時期、状況によって、ちがう選択をしてもよいし、むしろその方が賢いかもしれません。自分にとってベストだと思う決断をするようにしましょう。

パートナーに話すときの注意

　話をしている時に、相手がどんな反応をするかまったく見当がつかないときは、まず身の安全を考えましょう。

　あなたのジェンダー・アイデンティティが相手にとって予想しなかったことだったら、あり得るさまざまな反応について考えておかなくてはなりません。受け入れてくれる人も多いでしょう。しかし、否定的にとらえる人や、最悪の場合は、暴力的な反応をする人がいるかもしれません。そうした可能性を考慮に入れておくのが賢明です。

　暴力がもっとも典型的なリアクションではありませんが、あり得ることとして考えておく必要があります。パートナーになるかもしれない人に話すときに役立つヒントや考慮すべき点をあげましょう。

安全な場所を選ぶ

　ジェンダー・アイデンティティについて話す場合は、必ず身の安全を確保できる場所で話しましょう。人がたくさんいる公共の場なら、相手が大声を出したり暴力を振るったりするのを防げます。

　電話、メール、手紙、そのほかの電子機器を使ってカミングアウトする方法もあります。あなたから離れた場所にいる相手に伝えることで、直接の反応を避けることができますが、相手が電話やコンピュータを切ったあと、あなたの家までやってきて直接決着をつけようとする可能性も考えておきましょう。

●あなたはどんな安全な場所を選びますか？

_____

_____

_____

_____

逃げ道を確保しておく

　ジェンダー・アイデンティティを相手に伝えたあと、気まずさや危険を感じたら、逃げられるようにしておくことが大切です。

　例えば、その人に車で送ってもらわなくてもいいように、１人で家に帰れる方法を考えておきましょう。車に乗るのを待ってから相手が否定的なことをいいはじめるかもしれませんし、はじめに伝えた時の反応によっては、相手と一緒に車に乗ることが危険だと思うかもしれません。

●あなたはどんな逃げ道を用意しますか？

_____

_____

_____

_____

安全で支えてくれる人と連絡を取り合う

　パートナーになるかもしれない人にカミングアウトするときは、友だちや家族やカウンセラーなどの助けを得るとよいでしょう。

　例えば、相手と会う時間を助けてくれる人に伝えておいて、パートナーとの話の最中や話の後でその人にメールや電話で報告をしたり、話し終わったらすぐにその人に電話をかける約束をしておいたりしましょう。そうすれば、あなたが安全な状況かどうかがわかり、助けが必要かどうかもわかります。こうした困難な体験によって、支えてくれる人を見つけることができるでしょう。

●あなたにとって、安全で支えてくれる人はだれですか？

_____

_____

_____

_____

●どのように連絡を取り合いますか？

_____

_____

_____

_____

_____

_____

　パートナーになるかもしれない人にどうやってカミングアウトするか、そして、どう安全を確保すればよいかがわかりましたね。

　次に、セックス（性行為）について考えていきましょう。セックスは恋愛の大きな部分であり、ワクワクすると同時にこわいものでもあります。

セックス（性行為）

ケイラは、ボーフレンドのマリックと1年以上付き合っていて、2人の関係はどんどん性的になってきています。マリックはバイセクシュアルというアイデンティティをもっていて、ケイラのトランスジェンダーのアイデンティティによく理解を示しています。

しかし、ケイラは性行為の最中に、マリックが彼女の体を男の子のように扱っている気がすることがときどきあります。そんな時、ケイラは不快感でいっぱいになり、即座にマリックから身を引いてしまうのです。するとマリックは拒絶されたと感じ、セックスが2人の間でストレスになってしまいます。ケイラは自分の気持ちをマリックにどう伝えたらよいかわかりません。彼を失うのがこわいのです。

私たちにとって、セックスは本当にオープンに話しづらいことです。とくにしたいこと、したくないことを具体的に話すのはむずかしいことでしょう。私たちは、こうした話をするのは、恥ずかしくてやましいことだと教えられてきましたが、もうそんな考え方は捨て去るべきです。お互いが性的に満足できる体験をするためには、セックスについての会話はとても重要なことです。

例えば、パートナーにしてほしいことや言ってほしいことがあったり、逆に不快なことや自分たちのセックスに合わないと思うことがある人は多いでしょう。それに、ほとんどの人が自分の体のどこかにコンプレックスをもっていて、それがベッドの中の行為のじゃまになっています。でも、たとえ自分の体のどこが好きでも嫌いでも、どんなふうに触られたいと思ったり、触られたくないと思っても、満足のいく性的関係をもつことはできます。それにはほんの少しの探索と、なによりもコミュニケーションが大切なのです。

あなたの性的な喜びを見つけよう

　もちろん相手と話し合う前に、あなたにとってなにが性的な興奮や喜びになるか、嫌なことはなんなのかを考えておかなくてはなりません。とくに試さなくても、考えるだけで興奮したり、逆に居心地が悪くなったり、興ざめするようなこともあるでしょう。あなたの今の人生や、どんな恋愛関係にあるか（あるいは、ないか）などによって、実際に試さないとわからないものもあります。

やってみよう！　興奮すること、冷めること

●あなたは自分のセクシュアリティについてどの程度わかっていますか？　興奮することや、冷めることを書いてみましょう。あなたやパートナーが言ったり、考えたりすることや、場所、道具、ビデオ、特定の匂いなど、いろいろあるでしょう。人はみんなちがいます。次のように自分自身を探求してみましょう。

> 　興奮すること
> 【例】首にキスをされたり、ペニスが固くなるのを想像したり、相手の胸を触ったり、ココナッツの匂いがしたり、水中でセックスしたり、後ろからセックスしたり、レスリングをしたり、ろうそくに明りを灯したり、セクシーな音楽をかけたり、ロマンティックな気分になって相手とつながっている気持ちになったり……。

冷めること
【例】ピンクのフリルを身につけること、胸を触れらること、相手が攻撃的なこと、相手が
とても消極的なこと、自分が男っぽい格好をすること、相手がセックスのことしか考えてい
ないように見えること、相手が食後に歯磨きをしていないこと……。

クリエイティブになろう！

　　自分のジェンダー・アイデンティティや自分の体が表すジェンダー表現について、居心地が悪いと感じて
いると、満足のいく性的関係をもてないと思うこともあります。神経質になるのは無理もありませんが、パー
トナーとの間で性的な喜びを得るクリエイティブな方法はたくさんあります。
　　例えば、性器を触られたくなければ、感じやすいほかの部位はどうでしょう。耳たぶがとくに敏感なら、
耳たぶにキスをしてくれるようパートナーに頼んでみるなど、クリエイティブになりましょう！

●性行為の間に、触られたくない場所はありますか？　それはどこでしょう？

●興奮するために、特定の方法でしか触られたくない場所はどこですか？

●性器以外の場所で、とくに感じやすくて性的興奮をもたらしそうなところはどこでしょう？（例えば、首、耳、背中など）

\
\
\
\

●どんな感じかはわからないけど、なにか試してみたいことはありませんか？
（例えば、ソファで抱き合っているときにストラップオン（ペニスバンド）＊を装着する、シャツは脱いでもブラははずしたくないとパートナーに言う、耳たぶに息を吹きかけるなど）

＊バンドにペニスの模型をつけ、腰に固定できるようにした性具。

\
\
\

興奮することや冷めること

　パートナーにわかってもらうにはどうしたらよいでしょう？　セックスについてどう話せばいいか、考えてみましょう。

セックスについて話すこと

ここまでのセックスに関する質問には、正解も不正解もありません。自分の体をどんなふうに性的に感じてもいいのです。だれでも自分だけの独特な感じ方をするものです。

でも、あなたのセックスに関する要求や好みは、パートナーに言わなければ伝わりませんね。残念なことに、あなたを喜ばせようとして不快な方法を使い続けることだってあるかもしれません。だからこそ、セックスについてのコミュニケーションがとても重要なのです。

どんな性行為が好ましい、好ましくないかを言葉にしたり、相手のニーズにも耳を傾けることができれば、満足な性体験がきっとできるようになるでしょう。

しかし残念なことに、人はセックスについてオープンに話すことは気まずいと感じることが多いのです。とくに、自分がしてほしいことや好みについては、なおさらです。「恥ずかしい」「相手がわかってくれないかもしれない」「パートナーにおかしいと思われるのではないか」と心配になることもよくあるでしょう。

やってみよう！　セックスについて話そう

●あなたは、自分のセックスについての要求や好みを話すことについて、どんな心配がありますか？

●セックスについての要求や好みを話すことには、どんなメリットがあると思いますか？

「本当と本当」ゲーム

　こうした会話をパートナーとはじめる前に、話すことの不安や心配についてまず伝えておくとよいでしょう。心配だと言っただけで、もう安心できるかもしれません。相手にも言いたいことがないか尋ねてみましょう。

　「本当と本当」というゲームをしてもいいですね。「あなたが自分の好みについて1つ教えてくれたら、私も1つ教えるね」「あなたがしてほしくないことを1つ教えてくれるなら、私も1つ教えるね」というゲームです。

　あなたのことや、あなたの体の感じ方をより理解できるようになれば、パートナーももっと安心するかもしれません。それに、相手も自分の好みや要求を自由に話せるようになれば、あなたにとってもよいことですよね！

この章のまとめ

　この章では、あなたが性的に、そしてロマンティックにだれに惹かれるか、そしてあなたのアイデンティティについて、さらに、恋愛の方法や満足な性的関係をつくり出すことなどを探求してきました。あなたの希望とニーズに合う恋愛を、もっと自信をもって見つけられるようになればいいなと思います。

　デートがまだちょっと不安なのは、あなただけではありません。だれにとってもデートはこわい体験なのかもしれません（あなたのデート相手も同じように、あなたに好きになってもらえるか、受け入れてもらえるかと心配なのですから！）。

　一番懸念していることは、自分に自信がもてない人の多くは、きちんと扱ってくれないパートナーに「安住」してしまうことです。「ほかにだれもいないし、この相手が自分にとってはベストなんだろう」と思ってしまうのです。同じ理由で、ときには（感情的あるいは身体的な）虐待の関係にもがまんしてしまいます。自分の望まないような恋愛関係に陥っていることに気づいたら、自分に対する考えを見つめ直して、今の関係が理想的ではないのではないかと、考えてみるとよいのです。

　もしあなたが好ましくない恋愛関係から抜け出そうとしているのなら、第8章「つらい問題を乗り越えるヒント」（153ページ）が役に立つでしょう。恋愛関係を築けなくて困っている場合にも役立つかもしれません。

　ジェンダー・アイデンティティやジェンダー表現にかかわらず、自分の思い描いた恋愛を見つける権利があなたにはあるのです。私たち著者もこれまでに、もう無理かもしれないと思ったことがありました。でも、私たちは未来からの声として、あなたに言いたいのです。

　あきらめさえしなければ、あなたの夢はきっとかないます！

第**7**章

さまざまな
アイデンティティと
ジェンダーを探求しよう

　ジェンダークエストにおいて、別のアイデンティティが影響を与えることがあります。

　例えば、人種、民族、宗教、障がいのあるなし、年齢、社会的・経済的なステイタスなどは、すべてジェンダーの模索に大きな影響を及ぼすことがあります。これらのアイデンティティは、あなたのジェンダー体験（ジェンダー・アイデンティティ）や、どのようにジェンダーを表すか（ジェンダー表現）や、あなたのジェンダー表現に社会がどう反応するかということに、影響を与えることがあるのです。

さまざまなアイデンティティ

2人の若者の生活に、それぞれ異なる要素がどうかかわっているか、次の例を読んでみましょう。

エディは17歳です。小さな町で家族と一緒に暮らしていますが、来年は大学に行きたいと思っています。エディは今、父親の法律事務所でアルバイトをして、お小遣いを稼いでいます。エディはろう（耳が聞こえない）なので、大学で勉強したら、耳の聞こえない子どもたちの教師になりたいと考えているのです。両親もその考えを応援してくれて、経済的にも余裕があるので、エディの学費や医療費の面倒をみてくれます。

エディと家族は、定期的に教会に行きます。キリスト教徒であることは、彼らにとって大事なアイデンティティなのです。エディは白人で、主に白人の多いコミュニティに住んでいます。母親の家族はもともとイギリスからやってきて、もう何世代もアメリカに住んでいます。父親はオーストラリア人で、オーストラリアで弁護士の資格を取ったあと、アメリカに移住してきました。

ジャイは14歳で、大きな都市に母親と住んでいます。ジャイの母親はラテン系アメリカ人で、父親はアフリカ系アメリカ人です。ジャイは一生懸命勉強しています。大学に行くためには、奨学金をもらわなければならないからです。また、16歳になったらアルバイトをして、よい学校へ入るためにお金を貯めようと考えています。ジャイは将来外科医になりたいと思っています。

ジャイとお母さんにはとくに信仰している宗教はありませんが、お父さんがキリスト教プロテスタントのバプテスト教会に所属しているので、時々、一緒に教会に行くことがあります。そこでアフリカ系アメリカ人のコミュニティと強いつながりを持てるからです。

この2人はとても異なった人生を送っていますが、共通しているのは、2人とも自分のジェンダー・アイデンティティが、出生届に書かれた「男性」「女性」の枠外にあると気づいていることです。

また、それぞれの人種や宗教などほかのアイデンティティが、ジェンダーと交錯して、2人のジェンダー・アイデンティティやジェンダー表現に影響を与えています。

アイデンティティには、じっくり時間をかけて考えるものと、そうでないものがあります。例えば、男女二元性のジェンダー以外に自分のジェンダーがある場合、あなたは同年代の人たちよりもジェンダーについてずっと多くのことを考えてきたことでしょう。

　エディの場合は、ジャイよりももっと、障がいについて考えているでしょうし、ジャイは自分の人種や社会経済的ステータスについてエディよりもっと考えてきたことでしょう。

　たとえ、考えていなかったとしても、そうしたさまざまなアイデンティティが私たちに大きな影響を与えていないとは限りません。

特権について

　アイデンティティによって、どれほど特権があるかが変わってきます。特権とは、特定のグループの人びとに与えられた利点のことです。

　例えば、エディは白人が多く住む地域に自分も白人として生きてきたので、次のような特権があるでしょう。学校で習う歴史は自分の属する人種（白人）に関する歴史が主であること、なりたい職業のお手本になる人が同じ人種にいること、はじめての場所を1人で歩いていても安全な気がすること、雇われなかったのは自分の人種のせいだとは思わないこと、白人についてあれこれ質問されないこと、など。

　一方、ジャイにもエディにはない特権があります。例えば、障がい支援のない学校にも入れること、はじめて会った人に耳が聞こえないことについて説明したり質問されたりしないこと、危険を知らせるアラームが聞こえるので安全だと安心できること（火災報知器、車のクラクション、サイレンなど）、身体的な能力がちがうせいで友だちができないのではないかと不安にならなくてもいいこと、など。

　1つのアイデンティティによってではなく、同時にいくつかのアイデンティティが交錯して、特権のあるなしに影響を与えています。これを「インターセクショナリティ（交差性）」と呼びます。

　例えば、私たちは通常、男性であることを特権だと考えます。すべての男性には特定の特権がありますが、ほかの要素によって各人の特権のレベルは異なります。例えば、白人男性には通常特権も多いでしょう。でも黒人男性の場合は少し違ってきます。

特権

●あなたは自分のどんなアイデンティティについて、なにを一番に考えてきましたか？

●一番考えなかったのは、どのアイデンティティでしょう？

●あなたはどんな面で特権があると思いますか？

インターセクショナリティ（交差性）

　特権は別として、アイデンティティのいくつもの面が、ジェンダー・アイデンティティやジェンダー表現と重要なかかわりをもっています。

　例えば、私たちは自分の属する民族や宗教コミュニティによって、ジェンダーにはどんなオプションがあるか、そしてそのジェンダーをどうすれば上手に表現できるか、といったことについて多くのことを教えられてきました。ジェンダー・アイデンティティやジェンダー表現をポジティブにとらえるかどうかについても、こうしたコミュニティによって差があるでしょう。

　エディとジャイの例をもう一度読んで、ほかのアイデンティティがジェンダーとどう絡み合って影響を与えているか、考えてみましょう。

　エディのお父さんの出身地・オーストラリアでも、エディの通う教会でも、男子・男性はこうあるべきだという非常に厳格な考えがあります。

　エディが男の子なのに、スポーツをしたがらなかったり、女の子の服を着る遊びをしたがったりすると、お父さんはいつもとても怒りました。エディは教会にスーツを着て行くのが嫌で、髪を長く伸ばしたいと思っていますが、それは教会では受け入れられないだろうと確信しています。

　これまでは、男性的な服装と行動を選んできました。それに、女の子として生まれたかったという気持ちも少し恥じていました。でも自分の車をもって、お金が貯められるようになってからは、少し離れた町で、女性としてのアイデンティティと表現をサポートしてくれる人たちと出会うことができました。そして、そういう時だけに着る女性の服もたくさん買うようになりました。

　ジャイのお母さんは、ジャイのジェンダー・クィアのアイデンティティとジェンダー表現をちゃんと理解してくれています。都会に住んでいるので、学校では、ジェンダーニュートラルなトイレが使えるし、ジェンダーにとらわれない人称代名詞を使ってもらえるので、自分自身でいることができます。

　しかし、将来、大学に進学したり、就職したら差別を受けるのではないかと心配しています。それに思春期がはじまって、体に変化が起きはじめたことにも違和感を抱いています。ジャイの家は裕福ではないので、今は、不安な気持ちを臨床心理士に相談したり、体の違和感をなくす医療処置について医者の診察を受けたりすることができません。

　2人のジェンダー体験や、ジェンダー表現についての決心は、このようにほかの面に大きく影響されていることがわかりますね。あなたはどうですか？　あなたのさまざまなアイデンティティが、あなたのジェンダー体験と表現にどうかかわっているか、考えてみましょう。

人種と民族

　人種とは、生物学的なカテゴリーだと思われがちですが、実際には、ある意味でジェンダーのように、それほど簡単に割り切れるものではありません。人種について話す時、私たちは通常その人の外見──「白人」か「黒人」か「アジア人」かなどといった、遺伝的な体の特徴を指しています。しかし、遺伝的な体の特徴が、2つあるいはそれ以上の人種を表していることもあるのです。

　一方で、民族とは、生物学的に遺伝で受け継がれる特徴ではなく、文化にかかわるものです。文化には多くの定義があり、自分の民族を、国籍、大陸、そのほかの方法でグループわけして定義することができます。

　例えば、白人なら東ヨーロッパ人、南アフリカ人、ユダヤ人といった民族かもしれませんし、黒人ならアフリカ系アメリカ人、ハイチ人、ラテン系アメリカ人、そしてアジア人なら、中国人、日本人、フィリピン人などという民族だと自認するかもしれません。それに複数の重要な民族性が交錯している場合もあるので、可能性は無限だといえます。

　人種と民族性は、私たちが社会をどう体験するか、社会でどう扱われるか、どんな価値観や信条を身につけるか、ということにかかわる主な要素なのです。

やってみよう！　人種と民族のアイデンティティ

　あなたの人種と民族のアイデンティティについて、そしてそれらがあなたのジェンダーとどうかかわっているか考えてみましょう。

●あなたはどんな人種や民族のコミュニティに属していますか？

●あなたの人種や民族のコミュニティでは、ジェンダーに関してなにが「ふつう」だと考えられていますか？

●その人種や民族のコミュニティでは、ジェンダー・アイデンティティやジェンダー表現が「ふつう」ではないと思われる人たちについて、どう教えていますか？

●あなたが将来なんらかの方法で、ジェンダー・アイデンティティやジェンダー表現を変えるところを想像することができますか？　その方法をリストにしてみましょう。それぞれの変化について、あなたの人種や民族のコミュニティの人たちがどう反応すると思うかも、書いてみましょう。

·

·

·

●あなたの人種や民族のコミュニティのジェンダーについての価値観は、あなたの価値観と似ていますか？　それともちがいますか？　ちがうようなら、どうバランスを取ればいいでしょうか？

●あなたのジェンダー・アイデンティティとジェンダー表現は、あなたの人種や民族のコミュニティへの所属感にどう影響していると思いますか？

アイデンティティとコミュニティ

　すべての状況ですべての人が、ジェンダー、人種、民族の面で、ありのままの自分でいることができて、受け入れられることが理想です。

　しかし、人種や民族のコミュニティの多くは、ジェンダーやセクシュアリティについてあなたとちがった考えをもっていることでしょう。すると、自分のジェンダー・アイデンティティ（トランスジェンダーや、ジェンダー・クィアといった）と、自分の人種や民族のアイデンティティ（黒人、ラテン系アメリカ人、アジア人など）とのバランスを取るための選択に迫られます。

　例えば、ジャイは、完全にジェンダー・クィアとして行動すれば、父親の教会のアフリカ系アメリカ人の仲間たちから拒絶されるにちがいないと考えるので、教会に行く時の服装は"それなりに"しようと思います。

　エディは、"男はみんな男らしく"というオーストラリア文化の父親の考えを知っているので、父親のいるところでは男らしい服装を続けなくては、と思うかもしれません。ジャイもエディも特定のコミュニティの中では、ちがった格好はせずに、ジェンダー・アイデンティティについても話さないという選択をするかもしれません。自分のジェンダーをすべて表現しても、安全で、擁護してくれる場所やコミュニティを、ほかに探すかもしれません。

　このように、状況によって、ジェンダーをよりオープンにしたり、あるいはあまりオープンにしないという選択をしても、まったく問題はないのです。人間はだれでも、相手によって自分のちがう面を見せているものです。

　でも、アイデンティティとコミュニティのバランスをどう取ればよいか、1人で悩むのは大変ですね。あなたと同じような決断をした人や、しようとしている人を見つけることをおすすめします。その人たちの選択から学んだり、一緒に考えて決めることができるでしょう。そういう人と出会うにはいろいろな方法がありますが、ネットはよい取っ掛かりになります。ネット上のグループ、メール、書籍、ブログ、動画など、多くの情報を検索することができます。ほかの人の経験を知ると、自分は1人ではないことに気づき、アイデンティティとコミュニティのバランスをどう取っていけばよいかのヒントにもなります。

　この後は、あなたに関係するアイデンティティに応じて、読んでいってください。自分にはあまり重要でないと思うページにも、驚くような発見があるかもしれません。めったに考えることのない自分の一面を発見したり、周囲の人のことがもっとよく理解できるようになるかもしれません。でもどこを読むか、どの練習をするかは、あなたが決めればいいのです。

宗　教

　宗教上のアイデンティティが、とても重要な人もいます。特定の宗教は信仰していないけど、なにか特別なものに価値や人生の重要性を感じるという人もいるでしょう。宗教の信仰や価値観が自分のジェンダー・アイデンティティやジェンダー表現と合っている場合も、合わない場合もあるでしょう。

　例えば、ジェンダーを二元性だと理解し、男らしい男性と女らしい女性を高く評価する宗教もあります。二元性のジェンダーに合わない人は罪深く、誤っていて、病気であると教える宗教もあるかもしれません。こうした箱に収まらない人は、宗教と自分のジェンダーのどちらかを選ばなくてはならないと感じるかもしれません。

　でも、幸運なことにほとんどの人は、どんな宗教であっても、そしてたとえはじめは困難でも、次第に信仰とジェンダーに違和感をもたなくなる方法を見つけています。ジェンダーと矛盾しない信仰や価値観をもつ人もいますが、それでも信仰や価値観が、自分のジェンダーやジェンダー表現の理解や決定に影響を与えている場合もあるのです。宗教について、もっと考えてみましょう。

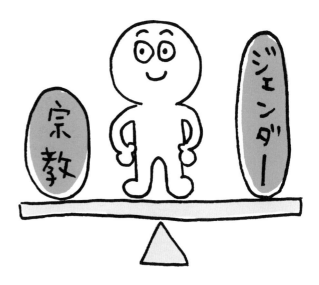

やってみよう！　宗教

●宗教や信仰から、ジェンダーについて教えられたことはありますか？

●ジェンダーについて教えられたことと、今のあなたのジェンダーについての信念とを比べてみましょう。似ているところはどこでしょう？　どんなところがちがいますか？

　　価値観は、私たちにとってもっとも大切なものです。多くの人は宗教と価値観が結びついていると感じていますが、自分の価値観はもっと独立したものだという人もいます。次の価値観のリストを見て、あなたにとってもっとも大切なものを5〜10個選んで✓をつけましょう。

☐ 裕福：必要以上のものをもつこと
☐ 達成：すぐれた達成を遂げること
☐ 愛情：愛情と思いやりをもつこと
☐ 美：美的なもの（こと）を重要視すること
☐ 静けさ：静かで平穏であること
☐ 注意：注意深いこと
☐ 挑戦：もっと上達するように後押しされること
☐ コミュニティ：自分と同じことを共有するグループに属したり、参加したりすること
☐ 同情：親切であること
☐ 満足：自分のもっているものを静かに安らかに受け入れること
☐ 勇気：勇敢であること
☐ 創造的：想像力があること
☐ 好奇心：もっと知りたいという熱心さ
☐ 規律：目標に達するために自分を律することができること
☐ 興奮：生き生きとした楽しみ
☐ 表現：自分の考えや気持ちを伝えること
☐ 信念：なにかを信じること
☐ 名声：とても有名になること
☐ 家族：自分につながりのある人を大切にすること
☐ 自由：自分の希望に従って選んだり行動したりできること

これも大事だし　あれも大事だし　これも大事…

□ 友だち：大切に思う人たちと一緒にいること

□ 楽しみ：楽しむこと

□ 寛大：人に喜んで与えること

□ 純正：偽りでなく真摯であること

□ 成長：進歩を重視すること

□ 幸福：人生を満足すること

□ 健康：身体的にも精神的にも健全であること

□ 正直：真実を述べること

□ 生産性：ものごとをおこなったり、組み立てたり、作ったりすること

□ 正義と公正：平等で偏見がないこと

□ 知識と学習：情報と知識を学校内外で身につけ続けること

□ 愛情：ケアと愛情を共有すること

□ 忠実：人に対して誠実であること

□ 精通：スキルを高めること

□ 平和：争わないこと

□ 実用性：事実を重要視すること

□ 認識：認知され尊重されること

□ くつろぎ：休息する時間をもつこと

□ 尊重：自分を尊重し、人を尊重すること

□ 恋愛：愛の感情や、ときめきを表すこと

□ 安全：危険から感情的にも身体的にも守られていること

□ 倹約：お金や経済状態に注意すること

□ 自分にとってのほかの価値観：＿＿＿＿＿＿＿＿＿＿＿＿＿＿

□ 自分にとってのほかの価値観：＿＿＿＿＿＿＿＿＿＿＿＿＿＿

●あなたが✔をつけた価値観は、あなたの宗教の信仰や理論や実践にどうかかわっていますか？

●あなたが✓をつけた価値観は、あなたのジェンダー・アイデンティティとジェンダー表現にどうかかわっていますか？

●あなたの価値観によって、あなたの宗教と、ジェンダー・アイデンティティとジェンダー表現とを結びつけることができるでしょうか？　宗教やジェンダーが、あなたの価値観と相容れないと思うのは、どんなときでしょう？

信仰とジェンダー表現

　宗教とジェンダーのバランスを取るのに時間がかかる人もいます。ほかの人はどのように宗教とジェンダーをうまく合わせることができたか、尋ねてみるとよいかもしれません。それにはいくつも方法があります。

　例えば、信仰は変えずに祈る場所を変えたり、今の宗教コミュニティにとどまりながら、周囲の人たちとはちがう信念を持ち続けるという方法もあるでしょう。異なるジェンダー・アイデンティティやジェンダー表現を宗教コミュニティの人たちが理解できるようにあえて声を上げるという方法もあります。自分の価値観を守りながら、それに合うように信仰の仕方やジェンダー表現を変えたり、というようにさまざまな方法があります。

　どんな道を選んでもいいのです。自分に合った方法を見つけるには、時間がかかるかもしれませんが、あせらずに、自分の信念とアイデンティティが折り合うようにバランスを探し続けていきましょう。

社会経済的なステータス

　社会経済的なステータスも、ジェンダーの探求や理解に影響を与えます。

　経済的な特権のない人（たくさんのお金をもっていない人）は、自分の経済状況や、それとジェンダー・アイデンティティやジェンダー表現との関係について、ほかの人よりもっと考えてきたことでしょう。とくに若い人は、仕事の収入が少なかったり、家族から経済的支援が受けられなかったりといった数々の理由で、いっそう経済的困難に直面することがあります。すると、ジェンダークエストをセラピスト（療法士）に助けてもらったり、ジェンダー表現に合う身体的な移行をするために診察を受けることができなかったり、理解してくれない家族から離れて独立することができなかったりするでしょう。また、法的に名前を変えたり、自分のジェンダーに合う新しい洋服を買うのにもお金がかかるでしょう。

　経済的な特権のある人では、お金が選択に影響を及ぼすことはあまりないと思います。しかし、裕福な人であっても、ジェンダーに関する経済的なプレッシャーを受けることがあります。

　例えば、かなり裕福な家に生まれた人は、親と同じようなライフスタイルができる仕事をすることが期待されているかもしれません。ノンバイナリー（男女などの境界線がない）などのジェンダー・アイデンティティのような、仕事のキャリアにマイナスになると考えられるようなことは、とくに嫌がられるかもしれないのです。

　このように、私たちはみんな、さまざまに交錯するアイデンティティの影響を受けています。あなたの社会経済的ステータスがジェンダー・アイデンティティとジェンダー表現にどう影響しているか、考えてみましょう。

やってみよう！　社会経済的なステータス

●あなたは社会経済的なステータスによって、ジェンダーに関するなんらかのプレッシャーを受けていますか？

●あなたのジェンダー表現には、お金のかかる部分がありますか？

　本当にほしいものが、お金がなくて、すぐには手に入れられないことがあります。すごくほしいものがある時には、本当につらいかもしれません！

　そんな時は、どうすれば将来、手に入れることができるか計画を立てるとよいでしょう。

●試してみたいすべてのことをするための十分なお金がありません。もっとも重要、あるいは緊急なものはどれですか？

●ほしいと思うものをいつか手に入れるためにどうすればいいか、アイデアをいろいろ出してみましょう。

お金を稼いで貯める方法：

どのくらい早くお金を貯めることができるか

　いくらお金が必要かによって、目標に向けて努力する期間が変わってきます。その間でも、社会経済的ステータスや、お金のあるなしにかかわらず、ジェンダーの探求のためにできることがたくさんあることを忘れないでください。

　自分自身であるためのステップを歩み続けるのに、今の予算に合う、あるいはお金をかけずにできることを、いろいろ考えて書き出してみましょう。

　友だちの洋服を借りて一緒に外出してみる、将来受けたいさまざまな医療的処置について保険がどのくらい使えるか、いろいろな保険を比較してみる、新しい制汗剤に変えてみる、髪型を変える、ジェンダーについてこれまで話したことがない友人に話してみる、ファストフード・レストランで注文する時に自分が使いたい名前を使ってみる、男の子／女の子のように踊ってみる、などたくさんありますよ。

●あなたはどんな方法を思いつきましたか？

そのほかのアイデンティティの要素

　いくつかのアイデンティティの要素について深く考えてきましたが、すべての人に重要なことをすべて網羅したわけではありません。

●あなたのジェンダー・アイデンティティとジェンダー表現に影響を与えているほかのアイデンティティには、どんなものがありますか？（例：年齢、障がいの有無）

1.

2.

3.

4.

●リストにしたそれぞれの要素について、どのようにジェンダー・アイデンティティとジェンダー表現に関連があるかを、書いてみましょう。

1.

2.

3.

4.

この章のまとめ

　私たちのアイデンティティは、たしかに複雑です。アイデンティティは月日が経つと変わったり進化したりします。私たちはさまざまな場所、時、状況において、自分自身であることの意味を探求し続けているのです。この章を読み終わってもまだまだ楽しいことは続くのです。生涯をかけてアイデンティティの探求をする心の準備をしましょう。あなたのアイデンティティはそれぞれ別個に働くのではありません。すべてが交錯しているのです。

　この章を読んだあなたは、アイデンティティについて、多くの人よりもずっと賢くなりました。そしてより賢明な方法でさまざまなアイデンティティを探求する準備もできました。楽しみながらやっていきましょう！

第 **8** 章

つらい問題を
乗り越えるヒント

　私たちはだれでも、学校や職場、友だちや家族との関係、普段の生活のあれこれによって、ある程度のストレスを毎日のように感じています。まるでジャグリングのようにさまざまな責任という玉を操り続けなくてはなりません。玉の数が自分に合っていれば楽しいチャレンジですが、玉が1つ加わっただけで、人生に圧倒されそうになるかもしれません。

　ジェンダーによって、玉がいくつも増えることがあるのです！

　この章では、ジェンダー・アイデンティティとジェンダー表現について、人びとが直面する困難についてざっくばらんに紹介しています。あなたが将来こうしたストレスにうまく対処できるように、ほかの人たちがどのように困難に立ち向かっていったかもお話ししましょう。

「コンフォートゾーン」(安全地帯) から踏み出すストレス

　ここまでのジェンダークエストは、あなたをどこへ連れて行ってくれましたか？　思いもよらなかったところで自分を発見しましたか？　さまざまな体験をしたり、いろいろな考えや感情が起きたかもしれませんね？　新しいことはエキサイティングですが、でも正直にいうと、このプロセスは大きなストレスになることもあるのです！

　ジェンダークエストをすることは、「コンフォートゾーン」(安全地帯) の外に踏み出すことです。コンフォートゾーンには、あなたが体験したり対処したりするのに慣れている事柄(体験、人、場所、考え、感情など)があって、いってみればパジャマでベッドにいるように楽ちんなのです(この本を読んでいる人は、もうすでに勇気を出してベッドから出て外の世界を見渡していることでしょう。それはすばらしいことなのです！　一生パジャマでベッドに寝そべっているより、あなたの人生はもっとおもしろくなるし、あなたも賢くなれるのです)。

　でも、コンフォートゾーンの外へ出ることは、居心地の悪い経験をすることでもあります。自分のジェンダーについての新しい考えや気持ちの発見もあるかもしれません。その多くは気分をよくしてくれるものですが、ストレスを感じることもよくあることです。ジェンダークエストで、次のような気分になることがよくあります。

　「なんて複雑なんだ！」
　「どうしてみんなはわかってくれないんだろう？」
　「これ、本当に着ていいのかな？」
　「自分の体が大嫌い」
　「本当の自分になれなかったら、どうしよう？」
　「自分のジェンダーがわかるテストがあればいいのに」
　「自分はどこかおかしいのだろうか？」
　「ジェンダーなんて、そもそもなければいいのに」
　「自分の気持ちを話したらどうなるだろう？」
　「どうして自分はこうなんだろう？」
　「もう野球はやめなくてはならないの？」
　「もうピンクを好きになっちゃいけないってこと？」
　「ノーマルだったらよかったのに……ノーマルがなんであっても」

　ジェンダークエストをはじめると、ワクワクしたり、安心したり、楽観したり、うずうずしたりするのは自然なことですが、むずかしい感情が起きることがあります。いくつか例を挙げましょう。

- 恐怖／緊張
- 困惑
- 恥じ
- 怒り
- 失望
- 不安
- 嫉妬／反感
- 孤独
- 不機嫌／イライラ
- 悲しみ
- 劣等感
- うつ

やってみよう！ 思考と感情

●ストレスになる困難な思考や感情に対処する1つの方法は、思考と感情のちがいを知ることです。

思考とは：

　頭の中で聞こえてきそうな文や言葉。だれにでもこの内なる声、脳の思考があります。思考には役に立つものも、そうでないものもあります。

　こんな思考が起きるかもしれません。

「こんなの、わかりっこないよ」
「だれにも好きになってもらえない」
「ジェンダー移行し終わるまで待てないよ」
「これって最高！」
「やっと自分になれる」

　一方、感情や気分は、体験するものです。人はいろいろな方法で感情を体験します。悲しい時に胸が重たく感じられたり、腹が立った時に体が熱くなったりしませんか？　ワクワクすると、微笑んだり、重苦しい感じがなくなったような気がしたりするかもしれません。悲しい時、

人はよく泣いたり、涙を流したりします。興奮したり怖かったりすると、胸がドキドキするでしょう。腹が立つと、こぶしをきつく握りしめたり、筋肉に力を入れたりするかもしれません。体と感情は強く結びついているのです。

　だれもが経験する感情にはこのようなものがあります。

- **怒り**
- **幸福感**
- **悲しみ**
- **自信**
- **不安**
- **勝利感**
- **挫折感**
- **喜び**
- **あせり**
- **誇り**
- **イライラ**
- **ワクワク**

　このように、思考と感情はちがいますが、結びついていることがよくあります。思考が感情を引き起こすことがあるのです。

　例えば、「こんな服を着たら、学校でみんなに笑われるだろう」という思考は、不安や恥じや、怒りの気持ちにつながっているかもしれません。

　「新しい服装、けっこう自分に似合ってるよ！」という思考は、ワクワク感や誇りや幸福感とつながっているでしょう。

●ジェンダークエストをしている時のあなたの思考と感情を思い出してみましょう。この章の
テーマは「**つらい問題を乗り越えるヒント**」ですので、ストレスに焦点を当てて考えていきます。
あなたがストレスを感じる思考や気持ちを書いてみましょう。次に、その時、その思考と結び
ついていた感情とを線で結んでみてください。

思　考
●
●
●
●
●
●
●
●
●
●
●
●
●
●
●

感　情
●
●
●
●
●
●
●
●
●
●
●
●
●
●
●

ややこしい脳

　思考や感情も、時間が経つにつれて変わっていきます。157ページでリストにした思考や感情の中に、書いた時と今では、激しさが変わっているものはありませんか？　以前と比べて、ストレスにならなくなっている思考や感情に○をつけましょう。

　時が経っても、まだしつこくストレスになっている思考があると、私たちは押しつぶされそうになります。でも、思考と感情は時間が経つにつれて変わるということを知っていれば大丈夫です。

　さあ、ここで問題です。私たちは自分の思考や感情を変えることができると思いますか？あるいは、思考や感情に押しつぶされないように、ちがった見方をすることができるのでしょうか？

　答えは、イエスです。ここから少しむずかしい問題に入りますよ。手術や薬を使わずに、医者でもない私たちが脳を変えたり、脳を理解したりすることができるでしょうか？　脳は人間にとってもっともパワフルな道具です。でも、自分のややこしい脳をうまく操れるようになる秘密の方法を教えましょう。それはもっとも強力な方法です。思考と感情の取り扱いについてお話ししましょう。

●脳で体験していることがまったく不正確なことがよくあるのです。 脳は多くの情報を処理するのが得意です。ものごとの良し悪し、安全か危険か、おいしいかまずいかなど、分類したり格づけしたりします。でもじつは、私たちの脳の判断や分類は本当ではないのです。

　例えば、芽キャベツという野菜があります。好き嫌いは別として、それは事実です。次に、芽キャベツを口に入れ脳に体験させると、あなたの脳はなんの罪もない芽キャベツについて、いろいろな思考や感情を起こすのです。

　著者のうちの1人は、芽キャベツが大好きなので、口に入れると彼の脳は "**うまい、おいしい、美味！**" と思考し、幸福で満足した気持ちになります。でも彼が10歳の時、同じ脳が芽キャベツを、"**ゲッ！　まずい！　最低！**" と猛烈に攻撃していたのです。気分も悪くなるし惨めだし、芽キャベツなんかを発見した世の中に腹を立てていました。

●思考や感情が事実ではなくても、脳は私たちに、それは事実だと伝え、私たちはふだん脳を信じてしまうのです。 例えば、10歳の時の著者は芽キャベツは断然まずいと確信していました。それが疑う余地のない真実で、そう思わない人はみんな間違っていると考えていました。

●ある種の思考や感情は、不正確なだけでなく、有害かもしれません。 考えたことすべてが正しいかどうかを尋ねたり調べたりすることはできませんが、問題を起こしそうな脳の次の5つのトリックを知っておくと役に立ちますよ。

脳のトリックにはこのようなものがあります。

オール・オア・ナッシング（すべてかゼロか）という言い方をしたら

「みんな」「だれも」「絶対」といった言葉を含む思考が脳から聞こえてきたら要注意。例えば「みんなに笑われる」「絶対うまくいかない」と脳がいったら、それはだいたい不正確で役に立たない思考です。

未来の占い

脳が未来を占ったら要注意。例えば、「自分の憧れる体になんか絶対になれない」「大学はむずかしくてムリ」というようなことを考えているのに気づいたら、それはたいてい、不正確で役に立たない思考です。

だれかの心を読んだら

あなたの脳がほかの人の心を読んだらご用心。例えば、「自分のことをバカみたいだと彼らは考えているんだ」「彼女は私を憎んでいる」といった思考は、そう、もうわかりますよね、不正確で役に立たない思考ですよ。

レッテルを貼ったら

脳が状況や人に（自分も含みます）レッテルを貼ったらご用心。例えば、「私はバカだ」「それってアホらしい」といった思考は不正確で役立たないものでしょう。

こうしなくてはならない、という言い方をしたら

脳があなたになにかを「すべき」「しなくてはならない」といったら、正確なのか役に立つのかを調べましょう。例えば、「自転車に乗る時はヘルメットをかぶるべき」というのは役立つ思考で、（事故で）脳が傷つく可能性を低くしてくれる思考でしょう。でも、「彼女にまだ言うべきでなかった」「すぐホルモン治療をはじめるべきだ」というのは、それほど役立つ思考とはいえません。

●自分の思考を書いたり話したり、正確で役立つ思考かどうかを調べたりすることで、あなたを打ちのめそうとするストレスのパワーをくじくことができるのです。思考を疑うというプロセスを取れば、今まで信じてきたことや、それによって起きた感情を変えることができるのです。その思考がまだそこにあっても、それが不正確で役に立たないとわかっていれば、あまり影響されずにすみます。

新しいブレイン・パワーを試してみましょう。

●ストレスを起こす思考を書いたリスト（157ページ）をもう一度見てみましょう。あなたにもそんな考えがありますか？　あれば書いてみましょう。

その考えをもっと正確で役立つものにするには、どうすればいい？

　私たちの役立たない考えを、建設的なものや少なくとも対応可能な考えに変えることができるのです。

　例えば、「あんな服を着たら学校でみんなに笑われる」→「笑う人もいるかもしれないけど、友だちはきっと笑わないよ。友だちは味方になってくれるから」のように変えることができます。さあ、試してみましょう。

役立たない考え	その考えを疑ってみよう
トランスジェンダーだと打ち明けたらきっと、お母さんは驚いてひっくり返ってしまうだろう。	打ち明けたらお母さんはまず、ただそういう時期なんだと言うかもしれない。そして臨床心理士の診察を受けさせようと思ったり、そうすべきだと言ったりするだろう。でも、家から追い出したり、口をきいてくれなくなることはないだろう。はじめは怒っていても、時間が経てば変わるかもしれない。

考えてみましょう：考えを疑ってみると、気持ちが変わるでしょうか？　気持ちを変えるのは簡単ですか？　むずかしいですか？

脳のトリック

　自分の思考に耳を傾けてそこに脳のトリックが隠されていないかどうかを調べながら、またこのページを読んでみましょう。どんな新しいスキルにもいえることですが、脳を変えるスキルには練習が必要です。自分の思考を書き出して、脳がなにを考えているかを紙の上で見直してみることを強くおすすめします。日に一度、週に一度でもいいのです。そうすれば脳を変える強力なエキスパートになれますよ。

ジェンダー・マイノリティのストレス

　私たちはだれでも日常生活で十分なストレスを感じています。しかし、汚名を着せられたり、偏見を受けたりすることのあるグループ（人種、階級、障がい、ジェンダー、ほかの要素による）に属している人は、いわゆる「マイノリティ・ストレス」にも直面します。これは、マイノリティのグループに属しているために、いじめや差別や暴力や嫌がらせや排斥を受けることです。マイノリティ・グループのすべての人にマイノリティ・ストレスが起こるわけではありません。でも、自分にも起こるかもしれないと思うだけで、ストレスになり得るのです。

　自分のジェンダー・アイデンティティとはちがう扱いを人から受けると、「ジェンダー・マイノリティ・ストレス」が起こります。例えば、自分は「女性」なのに「彼」と呼ばれたり、別のジェンダーの名前に変えても、まだ生まれた時の名前で呼ばれたり。このようにちがうジェンダーとして扱われると、大きなストレスを感じるでしょう（少なくとも、とてもイライラさせられますよね！）。こうした「小さいこと」が積み重なると、ほかのマイノリティ・ストレスの引き金と同じように、私たちに深刻な苦痛を与えることがあります。

やってみよう！　マイノリティ・ストレス

●人種や階級や障がいやジェンダーのせいで、差別や迫害や排斥に苦しめられている人について聞いたことはありませんか？　暴力やいじめを受けている人や、仲間に入れてもらえない人、テレビや映画の中でだれかがからかわれているシーンを見たことがあるかもしれません。思い出して書いてみましょう。

●とくに気になるものを1つ選んで、その時どんなことを考えたり感じたりしたかを思い出してみましょう。

_____

_____

_____

_____

ジェンダー・マイノリティ・ストレスがもたらすもの

　自分にそういうことが直接起きていなくても、マイノリティ・ストレスの影響を受けることがあります。マイノリティ・ストレスとなるきっかけが直接自分に起きると、より大きな衝撃を受けるのは言うまでもありません。以前マイノリティ・ストレスを経験したことを思い出すと、つらい考えや感情が沸き起こります。

　よくあるマイノリティ・ストレスには3つのタイプがあり、それぞれ名前があります。

●トランスフォビア（トランスジェンダー嫌悪）の内面化

　好むと好まざるとにかかわらず、私たちは周囲のステレオタイプや、偏見に満ちたイメージや言葉から学び取っているのです。女の人は教えられた女性のステレオタイプと偏見をもち、男の人は教えられた男性のステレオタイプと偏見をもっています。そして、トランスジェンダーやジェンダー・エクスパンシブ（Xジェンダーなど）の人も、トランスジェンダーやジェンダー・エクスパンシブ（Xジェンダーなど）についてのステレオタイプをもっているのです。

　こんな見方は、人に対してだけでなく、自分に対してもよいことではありません。例えば、「**トランスジェンダーの人は気が変だ**」「**男っぽい女性は醜い**」「**女性っぽい男は劣っている**」のような「**トランスフォビック（トランスジェンダー嫌悪）**」的な考え方が内面化されてしまうと、「自分自身も頭がおかしい」「醜い」「劣っている」と感じるようになってしまいます。これは、自尊感情のためにはよいことではありません。

●将来についてのネガティブな予測

　過去に、嫌がらせやいじめを受けたり、排斥されたり、暴力を受けたりしたことがあると、またそういう目に合うのではないかと不安になるかもしれません。そして、きっとまた起こると予測してしまう人もいるのです。自分は被害にあったことがなくても、自分と同じような人にそんなことが起きたと聞いただけで、次のようなネガティブな予測をしてしまうことがあります。

　＊からかわれるのではないかと恐れて、はじめて会った人に自己紹介ができなくなる

　＊差別を受けると思うから求職しなくなる

　＊家族や友だちに拒絶されると信じているので、カミングアウトできなくなる

世の中が意地悪に思えると、本当の危険や排斥がいつ起きるかの判断ができなくなり、いつ思い切ってカミングアウトしたらよいのかも、わからなくなってしまいます。

● 「クローゼット」に閉じこもる
　世界は自分を表すには危険なところだと決めつけてしまうと、自分の本当のすばらしい姿を世界に見せられなくなってしまいます。
　例えば、自分に合わない服を着続けたり、しっくりこない名前や人称代名詞を使い続けたり、自分の本当の気持ちやジェンダーを特定の人たちには伝えようとしなくなったりします。こうした決心が、悪いことだというのではありません。身の安全を守ることが賢明な時も必要な時もあるでしょう。しかし、このように閉じこもっていると、時間が経つにつれて、それが大きなストレスの原因になってしまうかもしれません。

ストレスの兆候

　マイノリティ・ストレスがすべて積み重なって自尊感情が損なわれると、深刻な問題につながることがあります。差別を受けるグループ（人種、民族、経済、ジェンダーのマイノリティの人たちなど）では、メンタルヘルスや健康へのリスクが高くなっています。
　メンタルヘルス面では、マイノリティ・ストレスを、うつや不安として感じることが多いのです。自死を考えるようになる人もいます。ストレスが長く続くと体の健康にも影響が出ます。

やってみよう！　ストレステスト

●自分にはどんなストレスの兆候が見られると思いますか？　この１カ月間に、こんなことはありませんでしたか？　「はい」「いいえ」のどちらかに✓を入れましょう。

はい	いいえ	
☐	☐	気が滅入ったり、うつになった
☐	☐	すぐ泣くようになった
☐	☐	困惑して、もう手に負えないと思った
☐	☐	腹痛や頭痛がよく起きた
☐	☐	食欲がなくなったり、過食したりした
☐	☐	眠れなかったり、寝すぎたりした
☐	☐	不安になったり、イラついたりした
☐	☐	心臓がバクバクしたり、呼吸が苦しいような気がした
☐	☐	酒や薬物を摂取したり、周囲から飲みすぎだと言われたりした
☐	☐	生きているのが嫌になった

あなたの答えがすべて「いいえ」なら、すばらしいことです！

　「はい」の答えが、いくつか、あるいはたくさんあったらどうでしょう？　まず、正直に答えた自分の勇気をほめましょう！　ストレスがどんな影響を与えているかに気づくのは容易なことではありません。なによりまず知ってほしいのは、あなたは１人ではないということです。あなたと同じ状況の人がたくさんいるから、このように１つの章をまるまるストレスのために割いているのです。私たちにはよく理解できます。一人ひとりの物語はちがっていても、みんなも、圧倒されそうなストレスに直面したことがあるのです。私たちだって、すべてのストレスにいつも簡単に対処していたわけではありません。でも経験上、役に立ったことをいくつか共有したいのです。あなたの助けになることを願って。

ストレスへの対処法

　安心してください。ストレスを減らしたり、ストレスの影響を軽減する方法があるのです。私たちはそれぞれちがった方法でストレスに対処しています。人によって効果のあることが異なるからです。試したいと思う方法はじつにたくさんありますが、私たちは自分にとって役に立つ方法を見つけました。例えば、著者の友人の1人は、不安や心配になった時に歯を磨くと効果があると力説します！

　ストレスに対処する方法を「対処法」と呼びます。ポジティブな対処法もありますが、中にはネガティブな方法もあります。

　ポジティブな対処法は、私たちの体や生活や対人関係を傷つけずに、気分をよくしてくれる方法です。音楽を聴いたり、歌を歌ったり、絵を描いたり、お気に入りの映画を観たり、お菓子作りをしたり、友だちとおしゃべりしたり、ペットと遊んだり、というのはすべてポジティブな対処法です。

　ネガティブな対処法は、一時的には気分がよくなるかもしれませんが、長い目で見るとかえって気分が悪くなったり、健康や人間関係を悪化させるものです。例えば、薬物を使ったり、アイスクリームを食べまくったり、弟をいじめたり、壁を殴ったりといった方法がネガティブな対処法です。

●あなたが試したいポジティブな対処法はなんですか？

対処の名人になる

　もう1つ覚えておくとよいのは、感情や状況によって適した対処法が異なるということです。例えば、気持ちが傷ついたり混乱したりしている時は、信頼できる人と話すことがもっとも役に立つと言う人がたくさんいます。

　しかし、同じ人でもひどく悲しくてだれとも話したくない時は、1人でいたいと思うかもしれません。そういう時は、音楽を聴いたり、起きていることを日記に書いたりするとよいでしょう。腹が立っている時は、運動することが効果的かもしれません。

　対処の名人になるのは、①自分がどんな気持ちなのかを知り、②その感情に合うベストな対処法を使う、ということです。

自分の気持ちを知る

■ステップ1

自分の気持ちを知ることは、とても困難な場合があります。同時にいくつもの感情が起きていても、一番激しい感情1つだけにしか気がつかないかもしれません。そこで練習が必要になってくるのです。毎日日記をつけるなどして、自分の気持ちをできるだけ知るように練習しましょう。

やってみよう！　感情の日記

日記をつけてみましょう。普通のノートでもいいですし、いつでもつけられるようにスマホを使ってもいいのです。大事なのは、自分だけしか見ることができないと確信できることです。日記のつけ方にはいろいろありますが、もっともシンプルで効果的なのは、ただ単に頭に浮かんだ考えを書いていくことです。

私たちの考えの多くは、それほど深いものではありません。それでもいいのです。「意識に上ったこと」を書く時は、頭に浮かんだことをどんどん書きさえすればいいのです。日記は、自分の考えと気持ちに気づくのに役立ちます。簡単だと思うかもしれませんが、日記をつけはじめると、人間の頭がどれほど複雑かということが、どんどんわかるようになります。気をつけていないと、気づかないほどの速さで思考や感情が通り過ぎてしまうことがあります。でも、書くことによってその速度を緩め、自分についてとても興味深いことが発見できるようになるでしょう。

とりあえず5分間、日記をつけるところからはじめましょう。どこに書くのかまだ決められなくても、ペンと紙があれば大丈夫です。用意ができたらはじめてみましょう。

もう5分経ちましたか？　まだなら、また日記に戻りましょう！　「なにを書いたらいいかわからない」と書くのだっていいのです。頭の中のことを、なんでも書いてみましょう。

●さあ今度は、次のページの絵を見て、5分の間に感じた気持ちに〇をつけましょう。どんな気持ちが起きましたか？

まずは5分!!

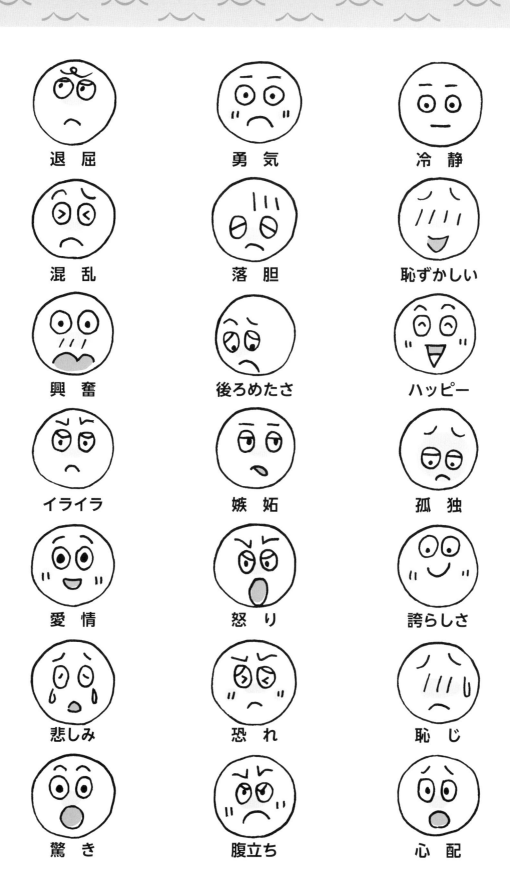

退　屈	勇　気	冷　静
混　乱	落　胆	恥ずかしい
興　奮	後ろめたさ	ハッピー
イライラ	嫉　妬	孤　独
愛　情	怒　り	誇らしさ
悲しみ	恐　れ	恥　じ
驚　き	腹立ち	心　配

やってみよう!　さまざまな感情への対処

■ステップ2
クリエイティブになりましょう。

●あなたによく起きるネガティブな感情を5つ選んで、左端の欄に書きましょう。隣の欄にあなたの使うポジティブな対処法とネガティブな対処法を書き出しましょう。

感　情	役立つ ポジティブな対処法	使ったことのある ネガティブな対処法	試したい ポジティブな対処法
【例】悲しい	・音楽を聴く ・日記に書く ・泣く ・おもしろい動画を見る	・食べまくる ・1人になる 　（どちらも一時的に気分がよくなるが、長期的には悪くなる）	・だれかに話す ・絵を描く

カードを作ろう

　このリストをつくっておくと、激しい感情が起きた時に役立ちます。私たちの多くは、激しい感情が起きるとポジティブな対処法があってもすべて見失ってしまいます。そして、使い慣れているネガティブな対処法を拒絶できなくなることがあります。

　お財布に入るぐらいの大きさのインデックスカード（情報カード）や、厚紙のカードを用意しましょう（インデックスカードがなければ、厚紙を切ってつくってもいいのです）。どこにいても思い出せるように、カードにいろいろなポジティブな対処法を絵や言葉で描いておきましょう。自分の中には、強い希望に満ちた跳ね返す力があるということが思い出せるように、イラストやステッカーや写真のコラージュでカードを飾りましょう！

もっと助けが必要な時

　だれにでも、感情が手に負えなくなるほど大きくなることがあります。人生は長いのです。すべてがうまくいく期間が長く続くこともあるでしょう。太陽がキラキラと輝き、なんでも自分の思い通りに進んで、気分がよいかもしれません。

　でも、とてもつらい時期が続くこともあります。いつまでもそれが続き、空は灰色で、なにもうまくいかないというような時もあるでしょう。対処法を使ってみても、あまりにも多くのことがいっぺんに押し寄せてきて、どうしていいかわからなくなることもあるでしょう。

　感情が手に負えなくなって、下のような兆候に気づいたら、もっと助けが必要です。

・絶望的な気持ちになる

・もう生きていたくないと思う

・自傷行為をしはじめた

・学校や仕事に行かなくなることがある

・いつもイライラして、涙が出る

・人生から逃げ出したいと思う

・眠れない、あるいは寝てばかりいる

・以前は好きだったことをしたくなくなる

・危険をともなう対処法を使っている

　＊酒の飲みすぎ

　＊食べすぎたり、食欲がなかったりする

　＊薬物の使い過ぎ

　＊セックスのし過ぎ

　こんなことがあって、ポジティブな対処法が役に立たない時は、助けを求める時です。

どこに助けを求めればいいの？

この本を読んでいるあなたは、ジェンダーやほかの悩みを理解して助けてくれるところを見つけたいと思っていることでしょう。

助けを求めるには、いろいろなやり方があります。同じ体験をしている人たちのグループをネットや、ネット以外のところで探したり、電話相談（ホットライン）に電話をかけてみたり、セラピストやカウンセラーに相談したりというのが、よくある方法です。

グループ・サポート

理解してもらえるということは、人としての重要なニーズの1つです。少なくとも自分と似た経験をした人の方が、自分の考えや気持ちをよく理解してくれることでしょう。

サポート集会やサポート・グループでそうした人たちを探すことができます。あなたの地域にどんな集会やグループがあるか、ネットで探してみるのが手っ取り早い方法です。でもすべてがよいグループとは限らないので、自分に合うものを見つけなくてはなりません。入会する前にグループのリーダーと話して、自分に合ったグループかどうかを見極めるとよいでしょう。

新しいグループに入るときは、だれでもドキドキするものです。でも、いくつか試して、自分に合うものが見つかれば、勇気を出した甲斐があるというものです。不安になった時は、自分に合った対処法を使うことを忘れずに覚えておきましょう。そしてネット上や、地域のグループを見つけてみましょう。

相談先（ホットライン）

電話相談は合わないなと感じたら途中で切っても構いません。話すのが苦手だという場合には、話したいことを事前に紙に書いて用意してみるのもおすすめです。

●にじーず
10代から23歳までのLGBT（かもしれない人を含む）の居場所を定期開催。札幌、釧路、埼玉、東京ほか。
ホームページ：https://24zzz.jimdofree.com

●ピアフレンズ
LGBTの若者向けの友だちづくりイベントを各地で開催。
ホームページ：https://www.peerfriends.org

● LGBTの家族と友人をつなぐ会
東京、名古屋、神戸、福岡でLGBTの家族や友人が集まれる交流会を開催。
ホームページ：http://lgbt-family.or.jp

●同性が好きな男性のための交流イベント・GPS（札幌市内）

10代から34歳までの同性が好きな男性の交流会を定期開催。

ホームページ：http://gps-sapporo.blogspot.com

●岩手レインボー・ネットワーク（岩手県）

多様な性に関する学習会・交流会を定期開催。

ホームページ：https://ameblo.jp/iwaterainbownetwork

●ふくしまコミュニティスペースよりみち（福島県）

主に若者（特にセクシュアル・マイノリティや10代20代女性）のためのコミュニティスペース。

ホームページ：https://fukushimayorimichi.jimdofree.com

● S-PEC（栃木県）

性別に違和感のある人やLGBT（自分がそうなのか迷っている人も）、その家族や友人を対象とした交流会を定期開催。

ホームページ：https://s-pec.jimdofree.com

●ハレルワ（群馬県）

LGBTやその家族や友人を対象とした交流会や講演会を開催。

ホームページ：https://hareruwa.tumblr.com

●にじっこ

15歳以下の性別違和のある子どもと家族のための交流会。東京都内で年4回開催。

ホームページ：https://245family.jimdofree.com

●東京都エイズ啓発拠点ふぉー・てぃー

東京都が運営しているHIV／AIDSや若者の性の健康、恋愛やセクシュアリティ、そのほか毎日の学校や家での気になることなど話せるラウンジ。池袋保健所1Fを拠点に活動。

ホームページ：http://www.4tweb.jp

● SHIP にじいろキャビン（神奈川県）

男の子が好きな10代男子、女の子が好きな10代女子、自分の性別に違和感のある10代の人（自分がそうなのかどうか、まだ迷っている人も歓迎）が集まっておしゃべりできる場「Cafe 10SHIP（カフェイチマルシップ）」などを定期開催。電話相談などもある。

ホームページ：http://www2.ship-web.com/Top.html

●セクシュアル・マイノリティのためのサポートグループ「10 ストーリーズ」

東京都豊島区西巣鴨にある大正大学キャンパス内で高校生～大学院生またはその年代（15 歳～ 25 歳）の
セクシュアル・マイノリティを対象としたサポートグループを定期開催。
ホームページ：https://www.tais.ac.jp/library_labo/counseling/guide/support/10stories

●すこたんソーシャルサービス（主に東京都内）

主に 10 代～ 20 代のゲイ・バイセクシュアル男性が集まれる友達づくりイベント「ユースタ」を開催。
ホームページ：https://www.sukotan.jp

● CoPrism（山梨県）
こぷりずむ

多様な性のあり方に関する発信や交流会、学習会の開催。
ホームページ：https://coprism.jimdofree.com

●名古屋あおぞら部（名古屋市）

LGBT 当事者や関心のある人、アライが集まって交流できる。高校生や大学生が主体となって運営。
ホームページ：https://twitter.com/nagoya_aozora

● Rainbow Fellows Nagano（長野県）

LGBT 当事者や周りの人が集まれる「LGBT おはなしカフェ」を開催。
ホームページ：http://rainbowfellows.net

●ダイバーシティラウンジ富山

富山大学を拠点に多様な性に関する情報発信や、交流イベント「やわカフェ」を開催。
ホームページ：http://www.diversitylounge.jp

●レインボー金沢

金沢を拠点に、セクシュアル・マイノリティ当事者の交
流会や情報発信をおこなう。
ホームページ：https://www.rainbowkanazawa.jp

● QWRC（LGBT と女性のためのリソースセンター）（大阪市）
くぉーく

23 歳以下（だいたい）の LGBT 向けのイベントなどを開
催。
ホームページ：https://qwrc.jimdofree.com

ドキドキ

●プラウド岡山（岡山県）

LGBT 当事者や周りの人に向けたお茶会などを開催。

ホームページ：https://www.proudokayama.com

●プラウド香川（香川県）

LGBT 当事者や周りの人に向けたお茶会や勉強会などを開催。

ホームページ：http://proud-kagawa.org

● FRENS（Fukuoka Rainbow Educational NetworkS）（福岡市）

LGBT 系ユースの交流会「フレンズタイム」を開催。

ホームページ：https://www.frenslgbtq.com

● Take it！虹（長崎県）

LGBT や周囲の人に向けた交流会や啓発活動などをおこなう。

ホームページ：https://takeitnizi.wordpress.com

●くまにじ（熊本県）

多様な性に関する交流会や勉強会を開催。

ホームページ：https://kumaniji.jimdofree.com

＊開催情報につきましては、ウェブサイトをご確認ください。

医療機関 ･･

医療機関等に行くときは、GID（性同一性障害）学会による認定医の一覧などを参考にしてください。

ホームページ：http://www.okayama-u.ac.jp/user/jsgid/ninteiiitiran.html

MEMO

この章のまとめ

　この章で、生涯続くジェンダークエストに備えるための十分な知識とスキルを得てくれたことを願っています。日記をつけていけば、つらいことだけでなく、きっととてもすばらしい体験も日記に書けるようになると私たちは確信しています。どんな探求でも同じです。私たち著者だけでなく、あなたの旅を支えてくれる人が周囲にはたくさんいることを忘れないでください。

　これからも続くあなたの探求の旅を、私たちは応援しています！

おわりに

　この本が、あなたの生涯続くジェンダークエストの旅に、十分な知識とスキルを与えてくれることを願っています。その旅はつらいことだけでなく、きっとすばらしく素敵な体験もあるでしょう。優れた探求には、その両方がつきものですから。

　映画「スターウォーズ」のルーク・スカイウォーカー、ハリー・ポッター、「ハンガー・ゲーム」のカットニス・エヴァディーン、そしてあなたの好きなヒーローやヒロインの探求の旅にも、あやふやで絶望的な日もあれば、自信と勝利に満ちた日もあったでしょう。道が最終的にどこへ続いていくのかがわからなくても、彼ら彼女らは1日ずつ前へ進んでいきました。

　私たち著者も、あなたと一緒に生涯、旅を続けていきます。いい時も悪い時も自分の探求を続け、最後はどこにたどり着くのかと考えながら、時には振り返って、それまでの自分を驚きをもって見つめながら進んでいきましょう。あなたの側には私たちがいることを忘れないでください。

　あなたが私たちとともに歩んでくれることをとてもうれしく思います！

ライラン・ジェイ・テスタ

デボラ・クールハート

ジェイミー・ペタ

あとがき

　人生のすべてが、長い探求の旅です。意味を探し、発明し、発見し、そして自分の内面を表せる特別な自分をつくる旅です。

　現代社会では、職業やキャリア、服装、興味、恋愛においてさえも、探求が求められます。子どもは、大きくなったらなにをしたいかを考えるようにいわれます。自分にとって心地のよい服装をすることや、演劇やスポーツのような課外活動をすることをすすめられ、さらにはデートの相手も慎重に選ぶように注意されます。すべてにおいて、探求することが10代の若者に期待されているのです。

　ジェンダーに関しては、多くの専門家でさえ、それを探求するアイデンティティとしてではなく、単なる生物学的な事実だとして受け止めてきました。しかし、より多くの若者たちが、自分自身のことをジェンダー・クィアやパンセクシュアルだと認識するようになり、「彼」「彼女」など、どんな人称代名詞を使うかも自分で選ぶようになりました。そのため、何十歳か年上の大人たちは、世代の変化とともに大きく変わった現代の経験や概念を理解しようとすることがよくあります。

　1960年代から70年代にかけて女の子として育った私は、小学6年生になるまでは、ニューヨークの寒い冬の朝でも、学校にズボンをはいて行くことは許されませんでした。そんな私にとって、今の若者の間に、多様なジェンダーの可能性が広がるのを目にするのはとてもすばらしいことです。フェミニズムやさまざまな公民権運動に続くここ数十年の革新的な政策、ゲイやレズビアンやバイセクシュアルの人たちの解放運動、現在起きているトランスジェンダーの「転換点」などによって、ジェンダー改革出現の舞台が整ってきたのです。こうした努力のおかげで、ジェンダークエストは人の成長の"普通の"過程として、思春期の一部分となったのです。

　私たちは、新しい時代に生きています。セックスやジェンダー表現や性的指向が複雑に交錯するジェンダー・アイデンティティというものが、先見の明のある新世代の人びとによって探求される時代なのです。今日の若者は、それまでのどの世代よりも、生物学的身体や、それについての社会的な慣習から制限を受けることが少なくなりました。どんな探求者にも見られるように、若者に特有の好奇心と勇気をもって世界へと進んでいくのです。若者はいつだって社会を変える先駆者なのです。

　勇気の下には、もちろん恐怖心もあります。若者を制限し、強制し、定義づけようとするような社会、「若者にはまだ自分の精神や心のことがわからないのだ」「若者はまだ自分のことをわかるはずはない」と言い募る社会の中で、自分のアイデンティティを切り開いていくのは、非常に困難な作業です。それでも若者は、いとも簡単に、そして頻繁に若者の探求を退けてしまうような大人たちに向かって、自分の体験を説明する言葉を探そうと苦労しているのです。

脳に関する調査によれば、思春期の若者は、認知機能をつかさどる脳の部分よりも、感情（激しく強烈で不安定な）をつかさどる部分を使って考えることが多いといいます。思春期の若者は、大人の許可のあるなしにかかわらず、自分を探求します。そして、大人にジェンダークエストの旅をサポートしてもらえなくても、またジェンダー表現を否認されたとしても、自分のジェンダーについてきちんと結果を出していくのです。

　若者のメンター（支援者）になろうとする大人は、若者への反応の仕方を、より慎重に考えなくてはなりません。大人は若者をリードすることはできません。若者に従うか、若者のじゃまにならないようにするかしかないのです。とくに臨床医は、アイデンティティ表現を抑圧したり、否認したりできる強い立場にいます。しかし同時に、多様なジェンダー表現を積極的に映し出して認める、非常に優れた味方として、新しいプロセスを育む介助役となることもできるのです。

　若者のジェンダークエストをサポートするのが、本書の目的です。自分ひとりで読んでも、大人の助けを借りて読んでもよいでしょう。若者が自分の考えや気持ちを調べるツールを与え、自分自身や自分の体験を新たな方法で見つけるための入り口となります。本書は、若者に自分の体験を語る言葉を与えます。そして親や教師といった大人にだけでなく、10代の人たちにも説明するスキルを与えてくれます。自分に合ったジェンダー・アイデンティティを形作りながら、デートや恋愛や性的関係を求めることの複雑さも理解できます。ジェンダークエストは、愛とサポートとユーモアと教育に満ちたロードマップなのです。若い人が楽しめる、めずらしい宿題ともいえるでしょう。

　親や専門家といった大人も本書を読むべきです。若者にとっての選択肢であるジェンダーの可能性について、そしてそれが若者を活気づけたり、圧倒したりすることを理解しなければ、若者に助言することさえできません。私たちも自分自身のジェンダークエストを理解しなくてはなりません。今よりも抑圧的な時代には許されなかった探求、早まって中止され、笑いものにされ、罰せられたこともある探求について理解しなくてはならないのです。

　私たち大人は、ジェンダークエストを批判することなく、若者のために心を開けるように、自分自身も探求する必要があります。大人は、新世代の探求者たちのために、自分自身の未解決の痛みにも目を向けなくてはなりません。若者たちはジェンダー・アイデンティティとジェンダー表現について、じつに多くのことを私たちに教えてくれるのですから。

アーリン・レブ

日本語版によせて

10代の「勇者」たちへ

「ジェンダークエスト」（ジェンダー探求）はいかがでしたか？　きっとゲームの「○○○○クエスト」と同じぐらい、もしくはそれ以上にハラハラドキドキしたり、自分にとっての大きな宝物を見つけ出したり、新しい仲間と一緒に立ち向かっていった、大冒険だったのではないでしょうか。

読者のみなさんの中には、まだ「ジェンダー」という言葉も知らなかった、丸裸の「勇者」もいたことでしょう。まだ「勇者」なんて言えないぐらい、ひとりぼっちの人もいたかもしれませんね。

でも、この『ジェンダークエスト』という冒険の地図をもって旅をする中で、すてきな「勇者」とその仲間たちに成長していったのではないかと思います。

実はこの「ジェンダークエスト」という冒険は、まだ終わりではありません。これはみなさんが生まれてから死ぬまで続く、一大スペクタクル巨編なんです。いま「え〜、まだ続くの〜？」と声を上げた「勇者」もいるかもしれませんが、この地図と、これまでの冒険で得た多くの知恵と、私たちを含む多くの仲間がいれば、装備は完璧。大丈夫です。これからはどんな困難があっても、楽しく安全に冒険をすることができます。ね、ワクワクしてきたでしょ？

日本の状況

2020 年現在、ジェンダーやセクシュアリティをめぐる社会状況は大きく変化する過渡期にあります。2003 年に「性同一性障害者の性別の取扱いの特例に関する法律」が成立して、一定の条件をクリアすれば戸籍の「続柄」に付随する性別表記を変更することができるようになりました（ちなみに、「性同一性障害」という言葉はこの本の本文では出てきません。これは日本でお医者さんに診てもらったときの診断名です。2018 年の WHO（世界保健機関）における「国際疾病分類（ICD-11）」で、「性同一性障害」が「精神障害」の分類から除外され、「性の健康に関連する状態」という分類の中の「Gender Incongruence」に変更されました。日本では今後、「性別不合」という言い方になると思います）。日本精神神経学会は 2018 年に、思春期前期にある子どもへの対応・治療を内容に含めた「性同一性障害に関する診断と治療のガイドライン（第 4 版改）」を公開しました。

文部科学省では、2010 年に「性同一性障害」のある子どもへの支援や配慮を学校に求める通知を出し、2013 年の支援の実態調査を経て、2015 年には広く「性的マイノリティ」の子どもへの支援や配慮とともに人権教育の推進を求める通知と、翌 2016 年にはそれらをまとめた「性同一性障害や性的指向・性自認に係る、児童生徒に対するきめ細かな対応等の実施について（教職員向け）」という冊子を発行しました。

このように、学校に通う年代の子どもたちへの支援や、教育環境の見直しも進められるようになっ

てきました。

　テレビやインターネット動画などのメディアでも「LGBTQ」にかんする内容のものが増え、学校で教えられる前からすでに「LGBTQ」という言葉を知っていたり、「そんなのフツーじゃん」と思っている中高生もどんどん現れてきています。

　支援団体一覧にもあるように、子ども向けに"性の多様性"や性的マイノリティについてポジティブな情報を発信したり、性的マイノリティ（かもしれない）子どもたちを支援したり、居場所をつくったりするものも少しずつ増えてきました。

　それでもまだまだ「女らしさ」や「男らしさ」への強いこだわり（社会的規範意識）があったり、性の多様性が前提となっていない社会制度がたくさんたくさん残っています。

本書の特徴

　この本の一番の特徴は、性的マイノリティ（かもしれない）、さらには性的"マジョリティ"である、あらゆる子どもたちの「主体性」が重視されていることです。「やってみよう！」というワークがたくさんあります。それは、「わたし」のジェンダーやセクシュアリティは、誰かに教えられて身につくものではなく、自分自身が積極的に探求（クエスト）していくなかで、試行錯誤しながら形成し続けるものなのだということの表れでしょう。この探求は自分一人でおこなうものではなく、他者とかかわりながらの作業（経験）となります。もちろんこの「他者」となる自分も同じように探求する存在でもあるわけです。

　どうしても「支援・配慮」という外側からのアプローチが語られがちになるテーマですが、この子どもたちの「主体性」の重視と、子どもたちが安心・安全に「クエスト」できる環境を整備することこそが大人の責任なのだと思います。

　さて、これを読んでくれた大人の方々は、これまでどんな「ジェンダークエスト」をしてきましたか？　どんな「勇者」でしたか？　どんな冒険物語を子どもたちに話せますか？　そしてこれからどんな大冒険をしていきますか？　ぜひみなさんの周りにいる子どもたちと一緒に楽しい旅を続けてください。すばらしい「勇者」の1人として。

渡辺大輔（埼玉大学基盤教育研究センター准教授）

■著者

ライラン・ジェイ・テスタ（Rylan Jay Testa）

ロウズ大学心理学部准教授（博士）。「CLEAR（the Center for LGBTQ Evidence-based Applied Research：エビデンスに基づいたLGBTQに関する応用リサーチセンター）」の研究員。臨床心理学者として、とくにトランスジェンダーやジェンダー・ノンコンフォーミングの人たちの自傷行為の防止や健康格差の理解に焦点を当てた研究をおこなっている。業績は、心理学とトランスジェンダーならびにジェンダー・ノンコンフォーミングのコミュニティの分野において高く評価されている。

デボラ・クールハート（Deborah Coolhart）

結婚と家族問題のセラピストとしての資格をもち（LMFT）、シラキュース大学の「結婚と家族セラピー・プログラム」で准教授を務める（博士）。臨床的および学術的研究の焦点は、トランスジェンダーの人とその周囲の人たちの強靭さと困難で、トランスジェンダーに関するテーマでいくつかの機関誌に記事を執筆したり、本の執筆をしている。修士号を取得した学生たちとともに、トランスジェンダーの人々、そのパートナー、その家族に特化した臨床チームをつくり、大学内に無料クリニックを開設し、ニューヨーク州のトランスジェンダーのコミュニティに大いに貢献している。

ジェイミー・ペタ（Jayme Peta）

文学修士、理学修士。15年以上にわたりトランスジェンダーとジェンダー・ノンコンフォーミングの若者たちとともに研究してきた。ナロパ大学より心理カウンセリングの修士号を得たのち、現在はパロ・アルト大学の臨床心理学部の博士課程で研究をおこなっている。トランスジェンダーの人たちとのかかわり方についての数々のトレーニングやワークショップをおこない、ナロパ大学心理学部で非常勤講師を勤めた。現在は、トランスジェンダーの大人の幼少期の体験についての研究をしている。

■まえがきの筆者

ライアン・K・サランズ（Ryan K. Sallans）

文学修士。講師、多様性トレーナー、コンサルタント、出版社、『Second Son』という本の著者として活動している。LGBTQIA（LGBTQ, intersex, asexual）コミュニティの中でもとくに、トランスジェンダー・コミュニティの健康問題、職場や大学キャンパスでの問題を専門としている。この15年間には、LGBTQの社会問題についてのさまざまな団体や大学との研究、トランスジェンダーのインクルーシブな環境づくり、摂食障害やボディイメージやジェンダーについてのメディア・リテラシーに関する仕事をしてきた。

■あとがきの筆者

アーリン・イスター・レブ（Arlene Istar Lev）

LCSW-R（臨床作業療法士心理セラピストR特待）、CASAC（アルコール・ドラッグカウンセラー）。
ニューヨーク州オールバニの「チョイス・カウンセリングとコンサルティング（Choices Counseling and Consulting）」ならびに、「ジェンダー、人間関係、アイデンティティ、セクシュアリティのためのトレーニング研究所（TIGRIS：The Training Institute for Gender, Relationships, Identity, and Sexuality）」の設立者で臨床ディレクター。
オールバニ大学の講師で、「性的指向とジェンダー・アイデンティティ・プロジェクト（SOGI：Sexual Orientation and Gender Identity Project）」のプロジェクト・ディレクター。また、「プライド・センター首都圏のセンター・サポート・カウンセリング・サービス（Center Support Counseling Services at the Pride Center of the Capital Region）」の臨床スーパーバイザーでもある。著書に、「The Complete Lesbian and Gay Parenting Guide（レズビアンとゲイの両親のためのガイドブック）」「Transgender Emergence（トランスジェンダーの現れ）」（アメリカ心理学会第44ディビジョン優秀書籍賞受賞）がある。

■監修者

渡辺大輔 （Watanabe Daisuke）

埼玉大学基盤教育研究センター准教授。博士（教育学）。
専門はジェンダー／セクシュアリティ教育。中学校や高校の先生と共同で「性の多様性」を前提とした包括的セクシュアリティ教育の
授業・教材づくりをしている。

●主な著作
『マンガワークシートで学ぶ多様な性と生』（子どもの未来社、2019年）
『性の多様性ってなんだろう？（中学生の質問箱）』（平凡社、2018年）
「教育実践学としてのクィア・ペダゴジーの意義」『クィア・スタディーズをひらく1』（晃洋書房、2019年）など。

■訳者

上田勢子 （Uyeda Seiko）

東京都生まれ。1979年よりアメリカ・カリフォルニア州在住。
慶応義塾大学文学部社会学科卒業、カリフォルニア州CCAC美術大学にて写真専攻後、カーメル写真センター理事を務める。1984年
から現在まで出版企画、翻訳、写真展企画などを手がける。

●児童書・一般書の翻訳
『わかって私のハンディキャップ』（全6冊）（大月書店、2016年）
『教えて！哲学者たち　子どもとつくる哲学の教室』（上）・（下）（大月書店、2016年）
『だいじょうぶ　自分でできる〜ワークブック（イラスト版子どもの認知行動療法）』（全10巻）（明石書店、2009〜2020年）
『レッド　あかくてあおいクレヨンのはなし』（子どもの未来社、2017年）
『わたしらしく、LGBTQ』（全4冊）（大月書店、2017年）他、多数翻訳。

編集協力　　遠藤まめた
組　版　Shima.
イラスト　　WOODY
本文・カバーデザイン　　宇都木スズムシ（ムシカゴグラフィクス）

〈10代の心理をサポートするワークブック③〉

インスタントヘルプ！　10代のためのジェンダークエストトレーニング

性のアイデンティティ、その悩み・不安から心と体をヘルプするワーク

2020年 8 月 5 日　　第 1 刷発行

著　　　者　ライラン・ジェイ・テスタ
　　　　　　デボラ・クールハート
　　　　　　ジェイミー・ペタ
監 修 者　渡辺大輔
訳　　　者　上田勢子
発 行 者　坂上美樹
発 行 所　合同出版株式会社
　　　　　　　　東京都千代田区神田神保町 1-44
　　　　　　　　郵便番号　101-0051
　　　　　　　　電話　03（3294）3506
　　　　　　　　FAX　03（3294）3509
　　　　　　　　振替　00180-9-65422
　　　　　　　　ホームページ　http://www.godo-shuppan.co.jp/

印刷・製本　恵友印刷株式会社